FAMILIEN FEIERN
DAS KIRCHENJAHR
WISSEN UND PRAXIS DES FEIERNS

JAHR DER NATUR UND JAHR DER GNADE
DIE FESTE IM KIRCHENJAHR
NEUE WEGE IN DER HAUSKIRCHE
CHRISTLICHES BRAUCHTUM
GLAUBE UND LEBEN

MARIA PRÜGL

EIGENTÜMER UND HERAUSGEBER:
Alle Rechte © bei Maria Prügl

Referat für 🔱 **Ehe und Familie**
ERZDIÖZESE SALZBURG
5020 Salzburg, Dreifaltigkeitsgasse 12
E-Mail: ehe@familie.kirchen.net
www.familie.kirchen.net
Fax: ++(O)662/87 54 494

FÜR DEN INHALT VERANTWORTLICH:
Lic. Maria Prügl, 5020 Salzburg

GRAFIK:
Günther Oberngruber, b17-Medien

TITELBILD:
Paramente Effata, www.dillinger.franziskanerinnen-rw.de
Das Leben Christi: Geburt, Sterben, Auferstehung und Geistsendung

FOTOS (alle Bildquellen siehe Anhang)

DRUCK:
Laber Druck, 5110 Oberndorf

ISBN: 978-3-902336-96-5

INHALT

SCIO CUI CREDIDI

FAMILIEN FEIERN DAS KIRCHENJAHR!

Was ist das, das Kirchenjahr? Konkurrenz zum öffentlichen Kalender? Sicher nicht, sondern ein liturgisches Nacherleben der Heilsgeschichte, Jahr für Jahr wieder. Immer dasselbe? Ja, weil wir Menschen nur langsam begreifen. Vielleicht jedes Jahr ein wenig mehr, ein wenig tiefer. Man könnte auch sagen: Wir wandern gemeinsam durch das Leben Jesu – und das kleine Buch ist wie ein Reiseführer, der Sie von Station zu Station weiterführt und Ihnen sagt, welche Sehenswürdigkeit oder „Erlebnis-Würdigkeiten" Sie finden werden.

Das haben die Christen immer gewusst, dass man auch Hilfe zum Verstehen und Hilfe zum Sehen braucht! Die Künstler haben auf ihre Weise versucht, behilflich zu sein, und so zeigt Ihnen das Buch immer wieder Bilder, Bilder auf Messgewändern, die sagen, was geschehen ist, damals im Land der Juden. Und um was es geht.

Nehmen Sie es zur Hand, das kleine Buch, gehen Sie die Wege mit der ganzen Familie nach, und Sie werden viel entdecken, viel Schönes, Hilfreiches, Bereicherndes, Tröstendes und Stärkendes. Eigentlich ist das „Kirchenjahr" nichts anderes als die „gute Nachricht" davon, dass Gott selbst nicht „im Himmel geblieben" ist als großer Zuschauer, sondern „Mensch geworden ist und unter uns gelebt hat" – und lebt, lebt in der Liturgie.

Die Liturgie lädt Sie und Ihre Familie ein, Ihm selbst, Gott, zu begegnen. So ist das Buch nicht ein „Führer von der Stadt XY", sondern ein Führer zur Gottesbegegnung, Ihrer Gottesbegegnung!

+ Weihbischof Dr. Andreas Laun

Salzburg, Ostersonntag, 23. März 2008

EINFÜHRUNG

Familien feiern das Kirchenjahr

Zum Kirchenjahr gibt es schon viele Bücher, warum ein weiteres? Nun, das vorliegende Buch *Familien feiern das Kirchenjahr* hat eine andere Zielsetzung. Das genau fehle, beteuern junge Familien. Richtig, es fehlt für das *Kirchenjahr in der Familie*, der **Hauskirche**, eine praktische Wanderkarte. Diese muss gut fundiert sein im Glauben, viel Wissen vermitteln, praktisch und unkompliziert sein. Es soll bewährte Traditionen und gesunde Entfaltung verbinden. Das will dieses Buch sein. Bei der Feier des Kirchenjahres in der christlichen Familie geht es auch um die Weitergabe des Glaubens an die nächste Generation, eine hervorragende Möglichkeit. Möge die Kirche in den Häusern erwachen, das ist die große Hoffnung: „Europas Neuevangelisierung wird weitgehend von den *Hauskirchen* abhängen", stellt uns Johannes Paul II. in *Familiaris Consortio* (**FC**) eindringlich vor Augen.

Hauskirche - Wahrheit und Bedeutung

Die *Hauskirche* reicht in die Uranfänge der Kirche zurück, gläubig gewordene Familien waren Zentren der erfolgreichen Erstevangelisierung. Das II. Vatikanische Konzil hat uns diese vergessene „Einrichtung" wieder in Erinnerung gerufen. Seither wird Hauskirche als modernes und hoffnungsvolles Konzept proklamiert, das viele junge Familien anspricht. Leider gibt es zur Hauskirche alte und neue Missverständnisse. Wichtig ist, das korrekte und umfassende Verständnis von Hauskirche zu erwerben. Mehr dazu siehe in *Die Kirche erwacht in den Häusern*, Seite 8fff).

Kirche und *Hauskirche* sind keine Konkurrenten, sie bedingen einander und befruchten sich gegenseitig. Während die öffentliche Feierkultur des Kirchenjahres reich ist an wunderbaren Riten, Feiern und Traditionen, scheint sich das Feiern in den christlichen Familien selbst auf Advent, Weihnacht und Ostern zu beschränken. Schon Pfingsten, das dritte Hochfest im Kirchenjahr hat in der Familie nichts an Brauchtum hervorgebracht. Überhaupt beschränkt sich *Hauskirche*, wenn überhaupt thematisiert, für viele Katholiken auf ein bisschen frommes Brauchtum im Advent.

Die Identität (wieder)finden

In der jüngeren Geschichte hat die sogenannte zivilisierte Welt die Völker der sogenannten Entwicklungsländer zu Recht ermutigt, „ihre Identität und Kultur" (wieder) zu entdecken. Dasselbe müssen wir Europäer uns dringend selbst vornehmen. Das Wiederfinden unserer Identität ist keine Fleißaufgabe, sondern eine Existenzfrage! Europas Identität ist das Christentum, im Zeichen des Kreuzes hat Europa eine hohe Kultur hervorgebracht und geht heute durch eine tiefe Krise. Papst Benedikt XVI. benennt anlässlich des Österreichbesuches im September 2007 in Mariazell die Ursache für die Krise: „Wenn es Wahrheit für den Menschen nicht gibt, kann er auch letztlich nicht Gut und Böse unterscheiden. Und dann werden die großen und großartigen Erkenntnisse der Wissenschaft zweischneidig." Er ermahnt die Gläubigen, „unruhige und offene Herzen zu haben und unermüdlich nach Wahrheit zu streben. Christen müssen Menschen suchenden Herzens sein, wie Maria, Josef und die übrigen Heiligen, die sich nicht in Gewohnheiten einhausten, sondern nach Größerem Ausschau hielten. Pilgern heißt: eine Richtung haben, auf ein Ziel zugehen. Das gibt auch dem Weg und seiner Mühsal seine Schönheit." Die Wahrheitsfrage entscheidet über Europas Zukunft.

Durch den Glaubensverlust haben wir gute Bräuche verloren und neue noch nicht wieder geschaffen. Im nicht bestellten Feld beginnt rasch Unkraut zu wuchern, auch im geistigen Sinn. New Age und Geisterglauben, sinnleere Riten und heidnische Bräuche nehmen den Platz ein. Viele Eltern sind zu Recht besorgt über das **Halloween-Spektakel** ▸, doch den Kindern gefällt es, dass „ein Geist an ihrer Türe war". Unschwer lässt sich die Sehnsucht nach dem Metaphysischen erkennen, heidnische Ersatzbräuche nehmen den Platz ein. „Wird der Glaube beim Fenster hinausgeworfen, kommt der Unglaube zur Tür herein" sagt ein Sprichwort. Halloween zeigt stellvertretend das schon lange bestehende Defizit der Verkündigung des Glaubens und die Sehnsucht nach der Wahrheit. Je gefestigter der Glaube, umso gesunder unser Feiern in der Hauskirche.

Bedeutung des Liturgischen Jahres ▸ oder Kirchenjahr (K ▸, Nr. 24)

Im Liturgischen Jahr feiert die Kirche das ganze Mysterium Christi, von der Inkarnation bis zur Wiederkunft in Herrlichkeit. An bestimmten Tagen verehrt die Kirche mit besonderer Liebe Maria, die selige Gottesgebärerin, und feiert auch das Gedächtnis der Heiligen, die für Christus gelebt, mit ihm gelitten haben und mit ihm verherrlicht werden.

Richtig Feiern setzt Wissen voraus

Liturgische Bildung ist unerlässlich, denn der Inhalt bestimmt die Form. Wie das *Jahr der Kirche* reich ist an Festen und Feiern, so auch das *Jahr der Hauskirche* und zwar das ganze Jahr! Das ist Thema dieses Buches. Es gehört mit *Die Kirche erwacht in den Häusern* aus derselben Reihe in jedes christliche Haus und ich werde jeweils darauf verweisen. Für die geistige und intellektuelle Mitfeier des Kirchenjahres, ob persönlich oder als Familie, ist die Begleitung durch den Großen Sonntags-Schott der Lesejahre A-B-C, den Wochentags-Schott (Messbuch der Kirche) und das Stundenbuch der Kirche (alle im Herder-Verlag) unerlässlich. Bei den einzelnen Festen und Hochfesten werde ich mich jeweils darauf beziehen.

Kluge Auswahl ist notwendig

Das vorliegende Buch enthält eine reiche Sammlung an Feierkultur christlicher Familien. Nicht alles ist für alle praktikabel und so ist es auch nicht anders gedacht, als dass die einzelnen *Familien* das eine und andere auswählen und ihre ureigene familiäre Kultur entfalten. So wachsen Traditionen, die gemäß ihrem Wesen nur vorsichtig und mit Sachkenntnis verändert werden sollen. „Man muss feste Bräuche haben", lässt auch Saint Exupery den Fuchs im *Kleinen Prinzen* sagen. Und unsere Lebenserfahrung bestätigt, dass Kinder und Erwachsene den zuverlässigen Ablauf *ihres* Weihnachtsabends lieben. Manche Feste beanspruchen für einen einzigen Tag des Jahres eigene liturgische Farben (**Gaudete**▸ und **Laetare**▸), eigene Bräuche, Tänze und **Gebildebrote**▸ usw. Eindrucksvoll erlebte ich das in Pamplona, Spanien, wo zum **Patrozinium**▸ von San Fermin (Bischof und Märtyrer) die Pamploner, vom jüngsten bis zum ältesten, die traditionelle Kleidung in den Farben Rot (für Martyrium) und Weiß (für Reinheit) tragen. Sie feiern mit Prozession, rituellen Tänzen, **Gebildebrot**▸ und einer eigenen Hymne.

Glossar, Begriffliste

Das Buch enthält Begriffe, die nicht unbedingt als Allgemeinwissen vorausgesetzt werden können. Alle mit ▸ gekennzeichneten Begriffe verweisen auf das Glossar S 150 ff.

ALLES HAT SEINE ZEIT

Gebildebrot

Viele Feste und Festzeiten haben eigene Brote und Bäckereien hervorgebracht, hergestellt nach traditionellen Rezepten und eigenen Formen. Gebildebrote gehören zur Kultur und bedingen, dass sie zu anderen Zeiten möglichst nicht aufgetischt werden, sonst verliert der Brauch seinen Sinn. Faschingskrapfen etwa sollen nur im Fasching gebacken werden. Gebildebrote sind sehr unterschiedlich, von Gegend zu Gegend, einige der alpenländischen Rezepte bilden den Schluss des jeweiligen Kapitels.

Blumen und Sträucher

Viele Feste haben ihre besonderen Blumen und Sträucher: Advent hat Tannenreis, Weihnacht den Christbaum, Ostern die blühenden Forsitien und Pfingsten die Pfingstrosen. Der Herbst hat die goldenen Blätter und Zweige als Tisch- und Wohnungsschmuck und eben keine anderen und schon gar keine exotische Pflanzen. Das alles ist schön in seiner ganz bestimmten Zeit, gibt Abwechslung und schafft Tradition.
Auch wirtschaftlich macht das Sinn: Blumen und Gemüse der Saison sind nicht nur günstiger, sondern auch vollwertiger. In diesem Buch geht es aber nicht um Wirtschaftliches, sondern um Kultur und Tradition.

Lieder und Musik

Jede Zeit hat ihre eigenen Lieder, eigen in Dichtung und Melodie, sie sind hohes Kulturgut und schaffen zudem frohe Stunden. Ich erinnere mich noch gut, wie wir Kinder untereinander streng darauf achteten, dass die Zeiten eingehalten und beispielsweise im Advent noch keine Weihnachtslieder gesungen werden. Wir erwachsenen Geschwister haben diese Tradition des Singens und Musizierens wiederentdeckt, oft rahmt es unsere Familientreffen und Feste ein.

1 **Das Kirchenjahr** im Jahr der Natur

INEINANDER VON NATUR UND GNADE

Das liturgische Jahr ist keine leblose Darstellung längst vergangener Ereignisse oder bloße Erinnerung an frühere Zeit. Vielmehr ist es Christus selbst, der in seiner Kirche fortlebt und so wird das Kirchenjahr zum „Christusjahr". Das Leben der Natur kann erst im Lauf eines vollen Jahres zur Entfaltung kommen. Es durchwandert die Zeiten und offenbart so die vielfältigen Formen seines Daseins: keimen, blühen, befruchten, heranreifen der Früchte, welken und sterben. Dann zieht sich das Leben ins Verborgene zurück, um Kräfte zu sammeln für neues Werden und Reifen.

Auch das Leben der Gnade hat sein eigenes Naturgesetz. Es braucht ebenso Zeit, um Formen und Früchte seines Seins zu entfalten. Das geschieht in gewisser Weise im Lauf eines Jahres und wir nennen diesen Zeitabschnitt Liturgisches Jahr oder Kirchenjahr. Die Zeiten der Natur und der Gnade laufen nicht getrennt, sondern stehen in einem geheimnisvollen Zusammenhang. Was im natürlichen Leben die Abhängigkeit von der Sonne ist, ist im Geistlichen Leben die Abhängigkeit von Christus. Diesen Zusammenhang hat die Kirche erkannt und das Jahr der Gnade wunderbar eingebaut in das Jahr der Natur.

Die Hauskirche soll das Kirchenjahr, die heiligen Zeiten und Feste des Glaubens mitfeiern und verstehen lernen. Bevor wir richtig feiern können, müssen wir wissen, was wir feiern. Deshalb ist die ständige Weiterbildung im Glauben eine frei übernommene Pflicht jedes Gefirmten.

ZWEI FESTKREISE UND DIE GEWÖHNLICHE ZEIT

DER OSTERFESTKREIS

Unter den Sonntagen des Jahres nimmt der Ostersonntag als höchster Feiertag des Jahres eine besondere Stellung ein. Die vierzigtägige Vorbereitung heißt Fasten- oder Österliche Bußzeit und sie gipfelt in der Karwoche. In einem Triduum vom Abend des Gründonnerstags bis Karsamstag feiert die Kirche das heilbringende Leiden und Sterben des Herrn. Der Höhepunkt aber ist die Auferstehung Jesu Christi, die wir am Ostersonntag feiern. Die Osterfreude entfaltet sich in einer **Oktav**▸ und in der siebenwöchigen **Osterzeit**▸▸, die in Pfingsten ihre Vollendung findet.

DER WEIHNACHTSFESTKREIS

Wir feiern das **Mysterium**▸ der Menschwerdung Gottes. Das erste Kommen Jesu als unser Erlöser war vor mehr als 2000 Jahren. Der vierwöchige Advent ist die Vorbereitung auf Weihnachten. In dieser Zeit erinnern wir uns aber auch an das zweite Kommen des Herrn als unser König und Richter, an das Ende der Zeit. Die beiden Hochfeste sind die *Geburt des Herrn* am 25. Dezember und *Erscheinung des Herrn* am 6. Januar. Der *Kleine Weihnachtsfestkreis* dauert bis zum ersten Sonntag nach Dreikönig, Fest der Taufe des Herrn, der *Große Weihnachtsfestkreis* endet vierzig Tage später mit dem Fest *Darstellung des Herrn*, vor der Liturgiereform *Maria Lichtmess* genannt.

DIE GEWÖHNLICHE ZEIT

Durch die beiden Festkreise ist eine Reihe von Sonntagen in ihrem Inhalt näher festgelegt. Außerhalb der Festzeiten bleiben 33 oder 34 Sonntage. Sie liegen einerseits zwischen **Epiphanie**▸ und Fastenzeit und andererseits zwischen Pfingsten und Advent. Ihr äußeres Kennzeichen ist die grüne Farbe der **Paramente**▸. Am Sonntag nach Pfingsten feiert die Kirche das Fest der Heiligsten Dreifaltigkeit, eines der größten Mysterien unseres Glaubens. Die lange Reihe der **Grünen Sonntage**▸ nach Pfingsten endet am letzten Sonntag vor Advent, dem Christkönig-Sonntag.

BEDEUTUNG DER LITURGISCHEN FARBEN

Sie sind **Katechese**▸, sprechen Verstand und Gemüt an.

Farbe	Bedeutung	Feste und Zeiten
Grün	Hoffnung/Leben	Gewöhnliche Zeit
Rot	Feuer/Liebe	Pfingsten, Passion, Christkönig
Weiß/Gold	Reinheit/Jubel	Ostern, Weihnacht,
Violett	Buße/Trauer	Advent, Fastenzeit
Rosa	Vorfreude	3. Advent-, 4. Fastensonntag
Schwarz	Trauer	Beerdigung, Allerseelen
Hellblau		Marienfeste

Feier und Leben
des Sonntags

2 Feier und Leben des Sonntags

DER SONNTAG IST EIGENTUM GOTTES

Bevor wir mit Zeiten und Festen des Kirchenjahres im Einzelnen beginnen, ist es wichtig, über den Sonntag zu sprechen, er ist das Herzstück des ganzen Jahres.

Der Sonntag ist Hoheitsgebiet Gottes. Gott nennt einen Tag der Woche sein besonderes Eigentum und beschenkt den Menschen mit der Verpflichtung, diesen Tag zu heiligen. Gott legt darauf so großen Wert, dass Er ihn mit einem eigenen Gebot belegt: „Du sollst den Tag des Herrn heiligen!", warum das? Wir werden sehen, dass, was nur für Gott wichtig zu sein scheint, für den Menschen große Bedeutung hat. Wenn wir den Tag des Herrn heiligen, feiern wir den fünffachen Sinn des Sonntags: die Schöpfung aus der Hand des Vaters; die Erlösung durch Jesus Christus, Gründung der Kirche im Heiligen Geist, den Ewigen Sonntag im Himmel, den Tag der familiären Gemeinschaft und Arbeitsruhe (**KKK**▸ 2174-2188).

WAS IST DIE MITTE DER LITURGISCHEN ZEIT?

Die Mitte der Liturgischen Zeit ist der Sonntag,
Fundament und Kern des ganzen Liturgischen Jahres.

K, NR. 241

OHNE EUCHARISTIE KÖNNEN WIR NICHT!

Das sagten Christen und bezahlten ihr Bekenntnis mit dem Leben. Höhepunkt des Sonntags ist die Eucharistiefeier. Sie ist die Quelle aller Gnaden, Höhepunkt des christlichen Lebens und Glanzpunkt des Sonntags, wie viele andere Freuden auch noch kommen mögen. Sie ist Geschenk Gottes und wenn im **Kirchengebot**▸ von **Sonntagspflicht**▸ gesprochen wird, dann von Pflicht der Liebe (KKK 2180). Weil die Eucharistiefeier Höhepunkt und Quelle des christlichen Lebens ist, gibt es für den Sonntag keine Alternative.

Eucharistiefeier nicht mehr in der eigenen Pfarre, wie weit ist uns der Weg wert? Pater Luis B. Munoz berichtet von einer Pfarre im Südwesten Angolas.

Die Eucharistiefeiern finden im Freien statt. Die Gläubigen gehen bis zu vierzig Kilometer zu Fuß zum Gottesdienst. Viele von ihnen haben keine Schuhe. Da der Weg lang ist, übernachten sie meistens irgendwo auf der Erde. Zu essen haben sie kaum etwas. Was wir von ihnen lernen können, ist die Ehrfurcht vor dem Heiligen. ZENIT.ORG; 15. MAI 2007

DER SONNTAG ZU HAUSE

kann subjektiv verlängert werden, wenn wir auf ihn hinleben, ihn vorbereiten, eintreten statt hineinstolpern, ihn auskosten bis zum Abschluss und ausstrahlen lassen in die Woche hinein. Das braucht einiges an Disziplin und Organisation. Der Samstag dient dem Aufräumen und der Vorbereitung: Liegengebliebenes aufräumen, nötige Vorbereitungen für die kommende Woche erledigen, auch Schularbeiten gehören dazu. Einkauf, Essen vorbereiten für den Sonntag, Haare waschen, Sonntagskleider anziehen (**Kontrastkultur**▸), alles soll so weit wie möglich vorbereitet sein. Ziel ist, hinarbeiten auf das Fertigwerden am späten Samstagnachmittag. Weil die Arbeit doch nie aufhört, müssen wir sie aufhören oder unterbrechen. Die Pfarre Nauders (Tirol) hat mich mit ihrer Wertschätzung der Familie als Hauskirche tief beeindruckt: Am Samstagabend um 18 Uhr läuten die Glocken, eigens für die Hauskirchen zur Erinnerung an die häuslichen Feiern. Das wirkt wie ein Überschreiten der Schwelle zum Sonntag. Dazu noch einige praktische Anregungen:

- Durch den Beginn am Samstagabend erwachen wir sonntäglich gestimmt.
- Vorausbetrachten der heiligen Lesungen des morgigen Sonntags. Es empfiehlt sich unbedingt, den Großen **Sonntags-Schott**▸ als Familienbesitz zu erwerben und sich darin zurechtzufinden. Durch vorbereitendes Betrachten des Wortes Gottes am Samstagabend, wird die Eucharistiefeier umso mehr zur lebendigen Begegnung mit Gott in der Messe.
- Gemeinsamer Kirchgang: „Die heilige Messe ist der Himmel auf Erden", titelte der Konvertit Scott Hahn in **Das Mahl des Lammes**▸.
- **Hausaltar**▸: Schönes Tuch und frische Blumen, **Sonntags-Schott**▸, Osterkerze, **liturgische Farbe**▸, aktuelles Bild im **Wechselrahmen**▸
- Familientisch: Sonntägliches Tischtuch und Geschirr, gemeinsame Mahlzeiten, zumindest eine, alles Dinge, die es im Alltag gar nicht gibt. Festesfreude ent-

steht durch vertraute Gerüche, Geräusche und vorhersehbare, verlässliche Erfahrungen.

- ■ Lebensstil: Es ist Liebe, sich für die Familie schön zu machen, das Schöne dem Bequemen, Alltäglichen, vorzuziehen und im besten Fall verbinden. Nicht Gott braucht diese Äußerlichkeiten, aber der Mensch, der durch sinnenfällige Zeichen innerlich festlich, sonntäglich, gestimmt wird.
- ■ Zeit zum Glaubensgespräch am Familientisch ist ein wichtiges Element der Glaubensweitergabe an die nächste Generation.
- ■ Tag der Familie: Zeit zu Erholung, Ausflug, Besuch, Gastfreundschaft und sonst schöne Dinge.
- ■ Den Sonntag maximal auskosten. Die Sonntagsruhe will bis zum Abend gewahrt sein, was einiges an Disziplin und Ordnung erfordert.
- ■ Mit einem festlichen Rahmen, etwa dem gemeinsamen Beten von Laudes, **Vesper**▸ oder **Komplet**▸, erhält der Sonntag den klaren Beginn und klaren Abschluss.

DAS JÜDISCHE JAHR UND DAS KIRCHENJAHR

Auch einige der wichtigsten jüdischen Feste werden erwähnt, soweit sie im Kirchenjahr Entsprechung finden. Die großen Ereignisse des Lebens Jesu stehen ja in innerem Zusammenhang mit dem jüdischen Festkalender. Sie verbinden Schöpfung – Geschichte – Hoffnung miteinander und weisen drei Gründe auf:

- ■ Das Fest, ursprünglich der Naturreligion entnommenes, wird zum
- ■ Fest geschichtlicher Erinnerung an die Heilsdaten Gottes (Gegenwart) und
- ■ zur Hoffnung auf die endgültige Rettung (Zukunft).

Am Beispiel vom Laubhüttenfest bedeutet das:

- ■ Mit einem „Wasseropfer" wird der nötige Regen für ein trockenes Land erbeten.
- ■ Wird das Fest zur Erinnerungen an die Wüstenwanderung Israels, wo die Juden in Zelten wohnten (Hütten = sukkot, gemäß Lev. 23,43). Die Hütten galten nicht nur als Erinnerung an den göttlichen Schutz in der Wüste, sondern auch als Vorausdarstellung der göttlichen Hütten in denen die Gerechten der kommenden Weltzeit wohnen würden.
- ■ Wurde also mit dem charakteristischen spätjüdischen Ritus des Laubhüttenfestes eine ganz bestimmte endzeitliche Bedeutung verbunden.

AUS: JESUS VON NAZARETH, JOSEPH RATZINGER, BENEDIKT XVI., S. 362, S. 279

MANCH GEHEIMNISVOLLES RITUAL ENTDECKTE ICH BEI JÜDISCHEN FAMILIEN

„Mein Vater war Richter in einer kleinen schwäbischen Stadt, dessen Vorort fast ausschließlich von jüdischen Familien bewohnt war. Es waren angesehene Familien und sie hatten den Geist des Volkes Israel noch völlig heil bewahrt. Die Kinder gingen mit uns zur Schule und wurden uns auch oft als Beispiel vorgehalten. Das aber verminderte unsere Liebe zu ihnen nicht, ihre Pflichttreue, ihre guten Umgangsformen, ihre einfallsreiche Gefälligkeit, beeindruckte uns Christen. Mir gefiel damals besonders der Ernst ihres religiösen Lebens. Ich hatte Sehnsucht, wollte mehr von diesem Volk wissen. Mit Freude nahm ich die Einladungen in verschiedene Familien an und erlebte ihren Alltag und ihre Familienfeste. Deutlich spürte ich, dass sie ihre eigentlichen Feiern wie ein Geheimnis hüteten. Erlaubt war praktisch nur das Vorbereiten des wöchentlichen Sabbats und der Feste ihres jüdischen Jahreslaufes. Ich erlebte, außenstehend, fast neidvoll und staunend, ihr Laubhüttenfest, ihre Gesetzestreue, ihre Geduld mit Kindern, ihre Liebesdienste an Kranken und Alten, ihre Ehrfurcht vor den Dingen der Schöpfung wie Wasser, Brot, Wein oder Licht. In mir wuchs das Bewusstsein, wie also Jesus in seiner Familie aufgewachsen ist. Wie Maria und Josef und seine Verwandten mit ihm gelebt haben, wie er in seinem Familiengeist zum Mann herangereift ist. Es war mir wie eine Offenbarung: in diesem Tages- und Jahresrhythmus, in dieser Atmosphäre, liegen die Wurzeln, aus denen der Herr die Sakramente, die Mysterien, hervorgehen ließ. So sind sie grundgelegt in der Schöpfung, erhöht durch die Erlösung, angenommen und dargebracht von uns Menschen durch beten der Psalmen, Lob, Dank, Bitte und Opfer. Manches verhüllte Ritual konnte ich entdecken. Das täglich geübte Leben aus dem Wort Gottes konnte ich nur an Haltung und Gebärde erahnen, die Gebete sprachen sie ja hebräisch. Und – ich empfand schmerzlich – den Unterschied zwischen dem jüdischen Familiengottesdienst und dem in unserem Haus. In den jüdischen Häusern gingen die Gebete tiefer als in den christlichen Familien. Durch sie stieß ich vor zum Wurzelboden der Sakramente und auf die Grundlagen des Betens in der Liturgie".

ELISABETH ERHARD, VOLKS- UND LAIENAPOSTOLISCHES INSTITUT, OKTOBER-RUNDBRIEF 1971

KONTRASTKULTUR IM ALLTAG

Es gibt immer wieder durchaus seriöse Überlegungen, wie der Sonntag noch feiertäglicher gestaltet werden könnte. Die Anregungen betreffen dann meist Kochkunst, Tischkultur und gemeinsame familiäre Unternehmungen. Abgesehen von der vordringlicheren spirituellen Komponenten gilt es, folgende grundsätzliche Überlegung zu machen: Den Sonntag (noch mehr) herausheben, bedingt andererseits, die Werktage Alltag bleiben zu lassen. Eine Kontrastkultur im Alltag brauchen wir, die deshalb nicht unbedingt grau sein muss. Wir sollen beispielsweise überlegen und als Familie besprechen, worauf wir im Alltag verzichten wollen. Wir kennen das Prinzip, dass periodischer Verzicht auf an sich gute Dinge, den Genuss und die Lust erhöht. Das Prinzip ist immer das Gleiche, ob es sich um Essen, Trinken, Freizeit, Kleidung oder andere Genüsse handelt. Genau das ist die große Herausforderung einer Wohlstandsgesellschaft, in der alles, mehr oder weniger jederzeit, konsumiert werden kann und damit unbemerkt in die Bedeutungslosigkeit hinabsinkt.

EIN WORT ZUR LITERARISCHEN ART DIESES BUCHES

Bücher dieser Art sind lebendig, immer in Entwicklung, nie fertig oder abgeschlossen. Themen werden oft nur in Stichworte angerissen, die Anregungen wollen weitergedacht werden. Schreiben Sie das Buch weiter, sammeln Sie und tragen Sie den spirituellen und praktischen Reichtum zusammen. Es würde mich sehr freuen, an diesem Prozess teilzunehmen. Sie können mir gerne einen Brief oder ein Mail schreiben und vielleicht gibt es dazu auch einmal einen eigenen Lehrgang.

Advent und Anfang des Kirchenjahres

- Schwellenzeit vor Advent
- Advent – Vorbereitung und Beginn
- Hausaltar und Tischkultur
- Adventliche Lebensweise
- Adventliche Traditionen
- Heilige im Advent
- Die Herbergsuche

3 **Advent** und Anfang des Kirchenjahres

ADVENT IM KIRCHENJAHR

Mit Advent beginnt ein neues Kirchenjahr, einen Monat vor dem bürgerlichen Jahreswechsel. Mit Advent beginnt auch der Weihnachtsfestkreis. Er umfasst vier Wochen, beginnend mit dem Sonntag nach dem 26. November, sodass die vierte Woche variiert von ein bis sieben Tagen. Das lateinische Wort *Advent* bedeutet *Ankunft* des verheißenen Retters. Wir erinnern uns des bereits geschehenen ersten Kommen Gottes und erwarten das *noch ausstehende zweite Kommen* am Ende der Zeit, der Wiederkunft Christi. Im Advent wollen wir uns vorbereiten durch Erneuerung, Bekehrung und Anbetung Gottes vor der Krippe wie die Hirten und Weisen. Unter diesen Gesichtspunkten ist der Advent geprägt von hingebender und freudiger Erwartung. Die Christen versammeln sich zu den sehr frühen Gottesdiensten, meist **Rorate** genannt, gemäß dem alten Adventruf *Rorate Coeli*, was bedeutet: *Tauet Himmel* den Gerechten. Die Hauskirche versammelt sich um den Adventkranz, volkstümlichstes Zeichen des Advents, dessen zunehmendes Licht die zuversichtliche Erwartung des Herrn ausdrückt.

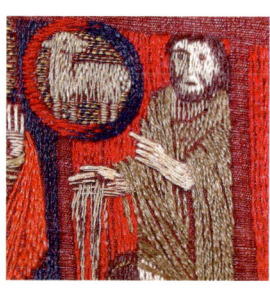

DREIFACHER SINN DES ADVENTS
- 🟧 *Erinnerung* (Memoria) an ein einmaliges Geschehen der Vergangenheit: Das jahrtausendlange Warten auf den Messias.
- 🟧 *Heilsgeschehen* (Mysterium): Das Kommen Christi wird jede Weihnacht Gegenwart.
- 🟧 *Mahnung* (Prophetie): Den Herrn als Richter zu erwarten, wenn er wiederkommt auf den Wolken des Himmels.

ADVENTLICHE LESUNGEN IN DER LITURGIE
- 🟧 Die *erste Lesung* ist aus Propheten-Büchern, vor allem Jesaja, entnommen.
- 🟧 Der *erste Adventsonntag* spricht von der Wiederkunft Christi am Letzten Tag.
- 🟧 *Zweiter und dritter Sonntag* stellen uns die Gestalt Johannes d. Täufers vor, der die Wege bereiten will für das Kommen des Herrn.
- 🟧 Der *vierte Sonntag* zeigt auf Maria, Mutter und Jungfrau, sie hat uns Christus geboren.

„Liturgische Jahreszeiten"

Auch das Kirchenjahr hat Jahreszeiten, **Quatember**▸ (Quattro = vier) genannt. Quatembertage sind alte Bitt- und Danktage, sie sind nicht „abgeschafft", „bloß" vergessen. Mehr dazu GL Nr. 102. Quatemberwoche im Advent ist sinnvollerweise die erste Woche. Die Pfarrgemeinde soll durch entsprechende Eucharistiefeiern in den Advent eingeführt werden. Sehr hilfreich ist das bei kurzem Advent, es fördert einen unmittelbaren Einstieg. Ebenso haben die letzten Tage des Advent eine Besonderheit: Vom 17. bis 23. Dezember sollen die sogenannten **O-Antiphonen**▸ angerufen und die **Herbergsuche**▸ gefeiert werden.

DER ADVENT IN DER HAUSKIRCHE

Kaum eine andere Zeit hat so viel Brauchtum wie Advent und Weihnacht. Schön und schwierig zugleich, weil vor lauter Brauchtum das Wesentliche verloren zu gehen droht. Die stillste Zeit sollte es sein, die Sehnsucht danach lebt in uns, bis heute. Doch Christkindlmärkte, diverse und kuriose Weihnachtsfeiern in Betrieben und Vereinen, Einkaufsstress und vieles mehr, erschweren und verhindern eine wirklich **adventliche Lebensweise**▸. Vorweihnachtlicher Hektik und Konsum kann man sich nur schwer entziehen. Für jede Familie ist es eine Herausforderung, den Advent innerhalb des eigenen Hauses zu verteidigen.

DIE SCHWELLE ZUM ADVENT

Wir sollen von einer Zeit in die nächste wie über eine Schwelle schreiten, statt hineinstolpern. *Es gibt Zeiten zum Feiern und Zeiten zum Fasten.* Die beiden Pole bedingen einander, um das Leben eben am Leben zu halten. Die Schwellenzeit zum Advent beinhaltet zum Beispiel:

◼ Eine „lustige Zeit", denn erst „Kathrein sperrt den Tanz ein". Frohes Treiben und den *letzten* Tanz am 25. November nicht versäumen!

◼ Die *letzte* Woche vor Advent, eingeleitet durch Christkönig-Sonntag, eignet sich hervorragend, Küche und Keller auf adventliche Lebensweise umzustellen. Also aufbrauchen all jener Genüsse, auf die wir im Advent verzichten wollen.

◼ Möglichst viele der hektischen Aufgaben vor Adventbeginn erledigen (Geschenke besorgen, Friseurbesuch, Winterservice des Autos ...), um die Adventruhe zu sichern. Lieber zu früh als zu spät beginnen. Oft ergibt sich die Gelegenheit, anderen zu helfen – ein besonderes Geschenk!

◼ Den festen Vorsatz fassen: Ein stiller Advent soll es werden! Keine lärmenden Veranstaltungen besuchen oder veranstalten, vielmehr Betriebsfeiern und Ähnliches auf Kathrein oder Fasching verlegen.

VORBEREITUNG AUF UND BEGINN DES ADVENT

Die adventliche Beichte▸

Wichtig zum Adventanfang ist die Beichte: Vergebung, Reinigung des Gedächtnisses und Empfang der sakramentalen Gnade. Lassen Sie sich inspirieren durch das lesenswerte Buch: *Gott, der Barmherzige, der Weg zur Beichte*, von Scott Hahn.

Putzplan mit System

Geputztes Haus/Wohnung ist natürlich kein *Muss*, das Festgefühl erhöht es auf jeden Fall. Um fertig zu werden, um durchzukommen, empfiehlt es sich, Anfang Advent zu beginnen und schließlich, auch wenn man nicht fertig geworden ist, aufzuhören! Manchmal dauert der Advent ja nur drei Wochen.

Besprechung der Vorsätze

Die persönlichen Vorsätze erneuern und die gemeinsamen auch mit der Familie besprechen. So einfach ist das alles nicht, es braucht ganz schlicht einen Akt des Willens.

Der Adventkranz

Er ist das vertrauteste Zeichen dieser Zeit (**Mittebrauch▸**) und ist ziemlich jung (Siehe *Christliches Brauchtum*, H. Kirchhoff, S. 20ff). Das runde Rad ist Symbol des Erdkreises, der auf das Kommen des Erlösers wartet. Das zunehmende Licht der Kerzen zeigt das nahende Kommen an. Das Tannengrün bedeutet Hoffnung, wie sie uns in der Weihnacht neu geschenkt wird. Am Heiligen Abend könnte der Adventkranz zusammen mit den vielen Lichtern des Adventkranzes brennen, um den „bleibenden Advent" deutlich zu machen. Der geweihte Kranz wird am 24. Dezember, gewöhnlich nach der letzten Herbergsuche▸ verbrannt. Geweihte Dinge wirft man nicht weg, man verbrennt sie.

Kranz binden und richtig schmücken

Wir sollen den Kranz, wenn möglich, selbst binden, denn im gemeinsamen Tun geschieht Einstimmung und Katechese. Wichtig ist zudem, ihn richtig zu schmücken: Drei Kerzen sind *violett* und eine Kerze ist *rosa*. Die Farbe Violett steht für Buße, wobei die adventliche Bußzeit anders und auch kürzer ist als die Vorösterliche. Die rosa Kerze wird am dritten Sonntag, *Gaudete*, angezündet. Die Liturgie verkündet: „Freuet euch, der Herr ist nahe!". Die dritte Kerze erinnert an das bevorstehende Fest und deshalb ein kurzes **Fastenbrechen▸**. Auch das Alleluja in der Liturgie verstummt den ganzen Advent nicht.

Gemeinsam zur Weihe

Das kirchliche Segnungsbuch, das **Benediktionale**, sieht eine feierliche Segnung des Adventkranzes vor. In der Einführung heißt es schon: „Licht weist den Weg, vertreibt die Angst und fördert Gemeinschaft. Licht ist ein Zeichen für Jesus Christus, das wahre Licht der Welt." Schön, wenn die Familie gemeinsam zur Weihe geht und das innige Weihegebet hört:

Lasset uns beten!
Ewiger Gott, du lässt uns Menschen
in unserem Suchen nach Leben und Freude nicht allein.
Darum schauen wir am Beginn dieses Advents auf zu dir,
von dem wir alles erhoffen.
Wir bitten dich:
Segne + diesen Kranz und diese Kerzen.
Sie sind ein Zeichen, dass du der Ewige bist,
dem auch diese kommende Zeit gehört;
ein Zeichen des Lebens, das wir von dir erwarten:
ein Zeichen, dass du das Licht bist, das alle Finsternis erhellen kann.
Hilf, dass wir mehr lieben und dich mit neuem Eifer suchen.
Lass uns in den kommenden Tagen in der Gnade wachsen.
Darum bitten wir durch Christus, unseren Herrn. Amen.

Einläuten des Advents

Oft anschließend an die Weihe, üblicherweise von 18.00 bis 18.15 Uhr, läuten gemäß einer Ordinariats-Anordnung alle Glocken von Stadt und Land. Die Glocken verkünden feierlich den Beginn des neuen Kirchenjahres. Erleben wir bewusst hörend diese feierliche Stunde.

Adventkalender, aber echt!

Der Erfinder des Adventkalenders war ein gewisser Gerhard Lang (1881–1974). Im Sinne des Erfinders ist der Adventkalender eine religiöse Hinführung auf das Weihnachtsfest, für Kinder und Erwachsene. Hinter jedem geöffneten Fenster soll ein Schriftwort, ein Lied, eine Anregung zum Gebet, zum besseren Umgang miteinander oder ein Hinweis auf einen Heiligen sein. Die „24 Fenster" sollen also nicht Genussmittel enthalten, auf die ja sinnvollerweise verzichtet werden soll. Werden sie geschenkt, sollen sie im „Opferkrug" aufbewahrt werden bis Weihnachten. Pädagogisch hilfreich und moralisch effektiv ist auch das sogenannte *Strohalm-Sammeln* als Zeichen des *Opferbringens*. Jeder einzelne dieser Strohhalme bringt eine „weichere Krippe" für das Jesuskind.

Die Rorate▸ am frühen Morgen

Rorate nennt man die Eucharistie im Advent entsprechend dem ersten Wort des **Eingangsverses**▸ „Rorate coeli desuper", zu übersetzen mit „Tauet, Himmel" aus dem 45. Kapitel des Jesajabuches. Die Rorate ist eine Votivmesse zu Ehren der Gottesmutter. Mancherorts werden sie auch Engelämter genannt, gemäß der Verkündigung an Maria durch den Engel Gabriel.

Rorate wird meist am mehr oder weniger frühen Morgen gefeiert, mit besonderer Festlichkeit an den Tagen vom 17. bis 24. Dezember und am Quatember Mittwoch als sogenannte „Goldene Messe". Der Gang zur Rorate am frühen Morgen, finster und kalt, und die adventlichen Lesungen führen uns ein in einen intensiven Advent. Die Rorate-Ämter erfreuen sich heute einer Wiederentdeckung in vielen Pfarren. In Städten kann man sich einen Plan mehrerer Kirchen zurechtlegen, wenn in der eigenen Pfarre bloß eine einzige Rorate in der Woche angesetzt ist.

Adventlicher Hausaltar

- Schlicht und leer in den
- Liturgischen Farben violett und rosa
- Adventkranz liturgisch richtig geschmückt
- *Schott*▸ des aktuellen Lesejahres wegen neuem Kirchenjahr
- Das *Kleine Stundenbuch* für Advent- und Weihnachtszeit. Das Konzil hat den christlichen Familien die Feier des Stundengebetes empfohlen (**FC 61**▸).
- Gebet- und Liederbücher für *Advent*: Manche alten Gebetbücher enthalten wunderbare Gebete und Lieder mit vielen schönen, katechetisch reichen Strophen

Besondere Traditionen im Advent

Ist eine familiäre Adventfeier nicht jeden Tag möglich, dann gewisse, vereinbarte Tage.

- Dunkelheit belassen und Licht wachsen lassen: Zu Hause soll der Advent dunkel sein und langsam heller werden dürfen, nur die bestimmten Kerzen am Adventkranz sollen brennen und keine zusätzlichen. Die Geschäftswelt gönnt uns diese wachsende Adventzeit nicht, alles ist grell und aggressiv beleuchtet. Mit dem 24. Dezember, dem eigentlichen Lichtfest, ist diese Welt plötzlich finster. Für uns Christen ist es genau umgekehrt: Erst ab Weihnachten brennen viele, viele Lichter und nicht nur bis Neujahr, sondern bis Dreikönig und nachklingend bis 2. Februar (Großer Weihnachtsfestkreis).
- Adventkranzfeier: Eigenes Feierheft, Gotteslob, Stundengebet; Freudenreicher Rosenkranz und für Kinder entsprechende Katechese mit schönen Bildern; Betrachtung der Schriftlesungen und Tagesgebete aus der Rorate, Lieder, Psalmen und Glaubensgespräch sind nur einige der Möglichkeiten.

- Vom 17. bis 23. Dezember Anrufungen mit den sogenannten *O-Antiphonen*: O Weisheit, Adonai (= Herr), O Wurzel Jesse, O Schlüssel Davids, O Aufgang (Glanz der Ewigkeit), O König der Völker, O Immanuel (Gott mit uns). Siehe auch **GL** 112 u. 772. Diese Anrufungen sind Titel, die im Alten Bund dem Messias gegeben werden. Die O-Antiphonen können in das Familiengebet einbezogen werden.
- Schöne, lange Abende mit Vorlesen, Gespräch, Erzählen, Spielen...pflegen.

Der täglich dreimalige „Engel des Herrn" mit adventlicher Schlussoration:
Lasset uns beten: Gütiger Gott,
du erfreust uns alljährlich in der trauten Adventzeit
mit der feierlichen Erwartung deines Sohnes.
Lass uns ihm mit froher Zuversicht entgegen gehen,
wenn er wiederkommt am Ende der Zeit als unser Richter.
Darum bitten wir durch Christus, unseren Herrn. Amen.

- Die neuntägige **Herbergsuche** vom 16. bis 24. Dezember (siehe S. 26)
- **Sonntag Gaudete**, Name des 3. Adventsonntags gemäß dem Eröffnungsvers: Freuet euch, der Herr ist nahe. Die **liturgische Farbe** ist Rosa und kündet **Fastenbrechen** an.
- **4. Adventsonntag in Rom**: Der Papst segnet traditionsgemäß jene Figur, die Kinder aus ihren Krippen zum Angelus mitbringen, meist ist es das Jesuskind.

Adventliche Wohnkultur
- Tannenzweige, alle *Trockenblumen*, kurz den *Sommer*, im Advent wegräumen
- Ende Advent aufstecken der Tannenzweige auf Bilder
- Barbarazweige am 4. Dezember ins warme Wasser stellen
- Tellersaat: Weizen oder Korn in einer Schale mit Erde keimen lassen und in das gewachsene Gras eine Kerze stellen.

Lebensweise und Brauchtum
Adventliche Atmosphäre schaffen:
- Lange Abende mit Tee, statt alkoholischen Getränken; Nüsse, Mandarinen und Feigen, statt Schleckereien; **Kletzenbrot** statt Bäckereien; Erzählen und Vorlesen, statt Fernsehen und Partys.
- Adventliche Bußzeit, jedoch kürzer, froher, eben anders als die vorösterliche Zeit. Den **Opferkrug** aufstellen und mit „verzichteten Dingen" füllen.
- Krippe bereits Anfang Advent aufstellen und in katechetischen Schritten (biblische Berichte) füllen: Josef und Marias Weg nach Bethlehem, ihre Herbergsuche, Geburt Jesu, Besuch von den Königen, Kindermord in Bethlehem, Flucht nach Ägypten bis schließlich zur Darstellung des Herrn.

- Kein Geschenkstress: Es empfiehlt sich das Besorgen der Geschenke schon das ganze Jahr über, ab 25. März, also 9 Monate vor Weihnachten
- Spaziergang beim ersten Schnee, das spricht Verstand und Gemüt an.
- Tellersaat Anfang Advent: Weizenkörner in Schale mit Erde. Symbolik: Zur Wintersonnenwende kehren sich in der Natur die Wurzeln um.
- Gebildebrot im alpenländischen Raum: Kletzenbrot (Rezept siehe unten). Spekulatius aus dem niederrheinischen Gebiet. Die Modeln aus Holz und Ton stellen Heilige, Legenden und regionale Motive dar, lassen sich bis ins 16. Jhdt. zurückführen.
- Adventliche Musik und keine andere: Es ist sehr hilfreich, am Feierabend immer wieder in die „traute" Atmosphäre einzusteigen mittels adventlicher Lieder und Musik. Es lohnt, sich vom Radio Kassetten zu bespielen mit Liedern und Musik des Advents, dann der Weihnachtszeit und schließlich die herrlichen Neujahrskonzerte. So kann man sich eine kostbare Sammlung anlegen, ist gerüstet für den eigenen Bedarf und hat auch manches passende Geschenk.

8. Dezember
– Hochfest der „Ohne Erbsünde empfangenen Jungfrau und Gottesmutter Maria"

- Wallfahrt zu einem Marienheiligtum mit Weihe oder deren Erneuerung.
- Ein Korb Rosen und Gebet: Jedes Jahr besucht der Papst am 8. Dezember die römische Mariensäule an der Spanischen Treppe.

Er legt einen Korb Rosen zu Füßen der Statue und bittet die Gottesmutter um Schutz und Führung für die Christenheit. Die Statue wurde unter Papst Pius IX. (1846–78) aus Anlass der Verkündigung des Dogmas von der „Unbefleckten Empfängnis Marias" (1854) auf einer antiken Säule aufgestellt. 1858 war dem kleinen Mädchen Bernadette Soubirous in Lourdes *Maria als die „Unbefleckte Empfängnis"* erschienen und hat damit das Dogma bestätigt.

Das Dogma,

die Lehre, dass Maria vom ersten Augenblick ihres Lebens an frei von der Erbschuld war, hat sich erst im Lauf der Jahrhunderte geklärt. Sie wird nicht ausdrücklich in der Schrift angesprochen, doch wurden die Aussagen der Schrift schon früh in dem Sinn verstanden, dass Maria das reinste und, wenn man will, das „gelungenste" Geschöpf Gottes war, die neue Eva, die ohne Sünde blieb. Am 8. Dezember 1854 hat Pius IX. das Dogma von der „Unbefleckten Empfängnis Marias" verbindlich definiert und als Glaubenssatz erklärt.

WEITERE BESONDERE FESTE IM ADVENT

Hl. Barbara, 4. Dezember: Eine beliebte Heilige, vermutlich in Nikomedien, der heutigen Türkei, gegen Ende des dritten christlichen Jhdts. geboren. Um ihr Leben ranken sich viele Legenden. Vor allem die Bergleute verehren sie als ihre Patronin, viele schöne Lieder zeugen davon. Sehr bekannt ist das Einwässerns der Barbarazweige: Kirschzweige, am Barbaratag abgeschnitten und ins Wasser gestellt, sollen mitten im Winter zum Blühen kommen. Sie erinnern an die Weissagung Jesajas vom *Spross aus der zarten Wurzel Jesse* (Isai war der Vater Davids). Wir singen zu Weihnachten das Lied: *Es ist ein Ros entsprungen*.

> **Brauch der Barbarazweige**
> *Er geht ins 15. Jhdt. zurück und beruht auf einer Legende: Auf dem Weg zum Gefängnis habe sich im Gewand Barbaras ein Kirschzweig verfangen, den sie in einen Krug mit Wasser steckte. Am Tag ihres Martyriums habe dieser Zweig geblüht. Das Zeichen der Blüte war nach der Legende für Barbara ein Zeichen des Rufes Gottes in die himmlische Herrlichkeit.*

Hl. Nikolaus, 6. Dezember. Der heilige Nikolaus ist der volkstümlichste Heilige der Adventzeit. Er war Bischof von Myra (Kleinasien) und lebte um die Wende zum vierten Jhdt. Als Gabenbringer ist St. Nikolaus schon im 13. Jhdt. bezeugt. Besuch und Bescherung der Kinder ist als echt christliche Tradition zu pflegen.

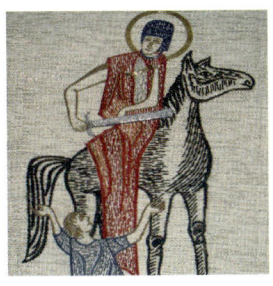

Hl. Martin, 11. November. Martin wurde um 316 in Sabaria, in Ungarn, geboren. Mit fünfzehn wurde er Soldat. Am Stadttor teilte er seinen Soldatenmantel mit einem Bettler. In der Nacht darauf erschien ihm Christus, bekleidet mit dem abgeschnittenen Mantelstück. Mit achtzehn ließ Martin sich taufen. 371 wurde er Bischof von Tours. Unermüdlich wirkte er als Prediger in den noch weithin heidnischen Gebieten. Der Martinsumzug ist sehr beliebt und in der Tat, er ist die richtige Alternative zum Spektakel des Halloween.

Hl. Luzia, 13. Dezember: In einer Lichtfeier am Spätnachmittag werden in der Pfarrkirche St. Magdalena in Fürstenfeldbruck oft Hunderte von selbstgebastelten Luzia-Häuschen gesegnet und bei einbrechender Dunkelheit den Wellen des Flusses Amper übergeben, wo sie wie Funken in der Dunkelheit verschwinden.

Hl. Thomas, 21. Dezember: Erste und längste der **Rauh-(Rauch)Nächte**. Drei der neun möglichen Rauchnächte sind übrig geblieben: Heiliger Abend, Silvester und Vorabend von Dreikönig. Das Christentum traf heidnische Bräuche und Mythen an, erkannte ihren tieferen Sinn, deutete sie um auf Lebensgefühl und Wahrheitskern des Christentums.

Letzte Rorate am 24. Dezember mit der Lesung vom menschlichen Stammbaum Jesu. Mt 1, 1-16. Fasttag bis Mittag.

REZEPT FÜR DAS KLETZENBROT

Die Mischung kann variieren, eine ungefähre Angabe ist: 40 dag Zwetschken, 20 dag Kletzen (getrocknete Birnen), 10 dag Kirschen, 20 dag Walnüsse halbiert, 10 dag Rosinen, 15 dag Zucker, 1/8 l Rum, 2 EL Zimt, ev. 20 dag Zwetschkenmarmelade, Anis und Fenchel. Die vorbereiteten Trockenfrüchte müssen kurz aufgekocht werden. Wenn sie weich sind, Wasser abseihen und die Früchte klein schneiden.

Die Masse in einen festen Brotteig einarbeiten im Verhältnis 1:1, beim Bäcker backen lassen.

DIE „HERBERGSUCHE"

DAS RICHTIGE „HERBERGBILD"

Es gibt viele Bilder, die das Heilige Paar bei der Herbergsuche in Bethlehem vor mehr als 2000 Jahren abbilden. Zwei besonders schöne bietet das Referat für Ehe und Familie der Erzdiözese Salzburg an, farbig oder schwarz-weiß,

GESCHICHTLICHES ZUR HERBERGSUCHE

Der schlichte Satz im Lukasevangelium vor mehr als 2000 Jahren Lk 2,7: „In der Herberge war kein Platz für sie" (Maria und Josef) hat zum einfühlsamen Mitdenken und geistigen Mitgehen geführt. Im geschichtlichen Bethlehem, das abseits der großen Verkehrsstraßen lag, dürfte es wohl keine öffentliche Herberge (griechisch: katalyma; vgl. Ex 4, 24; 1 Sam 1,18; Jer 11,8) gegeben haben; höchstens eine Übernachtungsmöglichkeit für Notfälle war vorhanden. Die Frömmigkeit des Volkes wollte den biblischen Text nicht nur lesen. Sie will mit Josef und Maria auch mitgehen.

Der Brauch sollte erhalten bleiben, doch darf die „Herbergsuche" nie ins Kitschige abgleiten. Wir sollen uns bei diesem Anlass auch an den „zukünftigen Advent" erinnern, an das „zweite Kommen des Herrn" am Ende des Lebens und am Ende der Welt, wo Er die ganze Schöpfung überführen wird in den „neuen Himmel" und in die „neue Erde". Wie gesund und bezeichnend ist es, dass das gläubige Volk auch hier die Verbindung zu den „letzten Dingen" findet und um einen guten Tod betet.

FEIER DER HERBERGSUCHE

Die Herbergsuche beginnt neun Tage vor Weihnachten, also am 16. Dezember. Das Bild des Heiligen Paares, mit „Maria gravida", der Jungfrau „gesegneten Leibes", wird in diesen Adventabenden von einer Familie zur anderen getragen. Dazu schließen sich entweder je neun Familien zusammen, oder das Bild wird in neun Häuser eines Ortes getragen, wo sich die Nachbarschaft einfindet.

Am besten empfangen wir das Herbergbild am 16. Dezember in der Kirche. Beim Mettengang bringen wir das Bild wieder in die Kirche zurück. Manche Familien haben „ihr" Herbergbild im Familienbesitz und bewahren es das Jahr über auf. Wichtig ist, künstlerisch hochwertige Bilder auszuwählen.

Das Herbergbild wird „nicht abgeholt", sondern in der Familie erwartet. Überbringer ist jene Familie, die am Vorabend „Herberge gewährt hat". Unterwegs beten die Überbringer die ersten zwei Gesätzchen des freudenreichen Rosenkranzes (laut oder still) oder singen Adventlieder. Es kann auch eine Laterne mitgetragen werden.

Die überbringende Gruppe tritt in den Kreis der wartenden Familie oder Hausgemeinschaft und übergibt das Bild. Die Kerzen am Adventkranz werden entzündet. Die Anwesenden beten das Gesätzchen „Den du, o Jungfrau, zu Elisabeth getragen hast" zu Ende. Jetzt folgt die persönliche Begrüßung des Heiligen Paares Josef und Maria durch die Mutter oder ein anderes Familienmitglied.

Empfang des Bildes

Die Überbringer des Bildes bitten um Herberge:
O nehmt sie auf in ihrer kalten Wanderschaft,
die Jungfrau rein in ihrer heiligen Mutterschaft.
Gönnt ihr gern ein Plätzchen im Haus,
stoßt sie nicht hilflos ins Elend hinaus.

Hausfrau oder Hausherr gewähren Herberge:
Sei gegrüßt o heilige Jungfrau rein,
zieh gern in meine Wohnung ein.
Ich will dich verehren von Herzen,
und teilen deine Freuden und Schmerzen.
Lass dir den schwachen Dienst gefallen
Von mir und meinen Kindern allen.

Die Hausfrau nimmt das Bild in Empfang, küsst es und reicht es den Familienangehörigen weiter zur Verehrung. Dann wird das Bild auf den Tisch gestellt, wo der Adventkranz mit den nun vier brennenden Kerzen wartet.
Den Rosenkranz zu Ende beten Mutter oder Vater schließen mit dem Gebet:

Lasset uns beten!
O Gott, Du hast gewollt, dass Dein ewiges Wort
auf die Botschaft des Engels hin
im Schoß der seligen Jungfrau Maria Fleisch annahm;
Wir bitten Dich: Lass uns,
die wir sie gläubig als wahre Gottesmutter bekennen,
durch ihre Fürsprache bei Dir Hilfe finden.
Durch Ihn, unseren Herrn Jesus Christus, Deinen Sohn,
der mit Dir lebt und herrscht in der Einheit des Heiligen Geistes,
Gott von Ewigkeit zu Ewigkeit.
A.: Amen.

V.: Herr, unser Gott, biete auf Deine Macht,
befreie uns durch das Kommen Deines Sohnes,
unseres Herrn Jesus Christus, der in der Einheit des Heiligen Geistes
mit Dir lebt und herrscht in Ewigkeit.

V.: Lasset uns beten für den, der als erster von uns sterben wird
A.: Vater unser …
V: Lasset uns beten.
Barmherziger Gott, Du bist das Licht derer, die an Dich glauben.
Durch den Tod und die Auferstehung Deines Sohnes hast Du uns erlöst.
Führe uns einmal vom Tod zum Leben, aus dem Dunkel zum Licht,
aus der Bedrängnis zu Deinem Frieden.
Darum bitten wir durch Christus unseren Herrn.
A: Amen.
A: Sei gegrüßt o Königin.
Mutter der Barmherzigkeit. Du unser Leben; unser Leben,
unsere Wonne und unsere Hoffnung, sei gegrüßt!
Zu dir rufen wir, verbannte Kinder Evas;
zu dir seufzen wir trauernd und weinend in diesem Tal der Tränen.
Wohlan denn, unsere Fürsprecherin,
wende deine barmherzigen Augen uns zu
und nach diesem Leben zeige uns Jesus,
die gebenedeite Frucht deines Leibes.
O gütige, o milde, o süße Jungfrau Maria.

Oder:

Gesegnet bist du, o Tochter, von Gott dem Allerhöchsten,
mehr als alle Frauen auf der Erde.
Gepriesen sei der Herr, unser Gott, der Himmel und Erde erschaffen hat;
Er hat dich gesegnet mit seiner Kraft.
Die Erinnerung an dein Vertrauen
wird in Ewigkeit nicht aus den Herzen der Menschen entschwinden,
die der Macht Gottes gedenken.
Denn in der Not unseres Volkes hast du dein Leben nicht geschont;
nein, du hast entschlossen unseren Untergang abgewehrt,
du bist auf geradem Weg gegangen vor unserem Gott.

GL 32, 2; JUD 13, 23-25

Oder:

Unter deinen Schutz und Schirm fliehen wir, heilige Gottesmutter.
Verschmähe nicht unser Gebet in unseren Nöten,
sondern errette uns jederzeit aus allen Gefahren,
o du glorwürdige und gebenedeite Jungfrau,
unsere Frau, unsere Mittlerin, unsere Fürsprecherin.
Führe uns zu deinem Sohne, empfiehl uns deinem Sohne,
stelle uns deinem Sohne vor.

Zum Abschluss singen wir ein Herberg- oder Adventlied

Gewöhnlich folgt ein gemütlicher Teil bei Tee und Kletzenbrot, dem Gebildebrot des Advents. Auf andere Bäckereien und alkoholische Getränke sollte verzichtet werden.

VERABSCHIEDUNG DES BILDES

In der Überbringerfamilie brennen die Kerzen am Adventkranz.
Dann wird der „Engel des Herrn" gebetet oder gesungen.

V.: Der Engel des Herrn brachte Maria die Botschaft.
A.: Und sie empfing vom Heiligen Geist.
Gegrüßt seist du …
V.: Maria sprach: „Sieh', ich bin die Magd des Herrn.
A.: Mir geschehe nach Deinem Wort."
Gegrüßt seist du …
V.: Und das Wort ist Fleisch geworden.
A.: Und hat unter uns gewohnt.
Gegrüßet seist du …

V.: Lasset uns beten.
Wir bitten Dich, o Herr, gieße Deine Gnade in unsere Herzen ein.
Durch die Botschaft des Engels
haben wir die Menschwerdung Christi, deines Sohnes, erkannt.
Führe uns durch Sein Leiden und Kreuz zur glorreichen Auferstehung.
Durch Christus, unseren Herrn.
A.: Amen.
Dann verabschieden Hausfrau oder Hausherr das Bild:

Gottesmutter, wir tragen dein Bild wieder weiter.
Du aber bleibst bei uns und Jesus, den du gebracht hast.
Wir haben uns heute bemüht, ein christliches Familienleben zu führen.
Liebe und Hilfsbereitschaft sollen unser Leben kennzeichnen.
Das Familiengebet soll unsere Gemeinschaft weiter verbinden.
Wir haben uns viel vorgenommen, möge manches uns gelingen.
Gottesmutter, zünde überall dort, wohin dein Bild kommt,
das Licht eines christlichen Familienlebens an.
Wir danken dir für deine Hilfe und
bitten dich weiterhin um deine Fürbitte.

Wir singen weitere Strophen des begonnenen Adventliedes.
Vor dem Aufbruch beginnen wir den Rosenkranz mit dem
■ Apostolischen Glaubensbekenntnis,
■ drei Gegrüßt seist du Maria mit den
■ Anrufungen der drei göttlichen Tugenden.
Unterwegs beten wir das erste Gesätz vom Rosenkranz.

Andere Begrüßungsgebete

Überbringer:
Wir kommen, wir fragen, wir klopfen an,
ob Christus, der Heiland zu euch kommen kann.
Unsere Liebe Frau ist wieder auf Reisen,
wir möchten ihr gern eine Herberge zuweisen.
Wir möchten erbitten ein gutes Quartier,
ein offenes Herz, eine offene Tür.
Eine offene Tür für Christus auf Erden,
der aus Maria geboren will werden.
Wollt, liebe Leut uns eintreten lassen,
die Mutter Gottes steht auf der Straßen.

Und St. Josef, der heilige Mann,
der fragt bei euch um Herberge an.
Tut ihre Wanderschaft tief verehrn,
und das heilige Kommen von Christus, dem Herrn.
Drum kommen und klopfen und fragen wir an,
ob Christus, der Heiland zu euch kommen kann.

Empfänger:
O Jungfrau Maria, von Herzen gern!
Tritt ein mit unserem lieben Herrn!
Du bist voll der Gnaden, sei uns gegrüßt,
und gelobt sei dein Sohn, unser Herr Jesu Christ.
Es ist uns Ehre und große Freud,
dass ihr zu uns gekommen seid.
Denn jedes Haus wird gesegnet sein,
in das ihr beide tretet ein ...
O Mutter Maria, tritt herein,
und willst unsere Frau und Mittlerin sein,
dass wir eintreten dürfen bei deinem Sohn,
wenn Er wiederkommt auf ewigem Thron.

Herberglieder (es sind nur einige besondere angeführt)

1. **Maria, sei gegrüßet,** *du lichter Morgenstern! (GL 815)*
Der Glanz, der dich umfließet, verkündet uns den Herrn.
Von jeder Makel rein, sollst du zum Menschenheile, des Höchsten Mutter sein.
2. Dein Gott zu dir gewendet, erteilet den Befehl.
Es spricht von Ihm gesendet, der Engel Gabriel:
„Maria, Gnadenzier, Gesegnetste der Frauen, der Herr ist ganz mit dir!"
3. Dies konntest du nicht fassen und batest ihn dabei,
dich recht verstehn zu lassen, was diese Botschaft sei:
„Maria, zittre nicht. Denn du hast Gnad gefunden, vor Gottes Angesicht!"

1. **Behtlehem, hörst den Heiland du?**
Lass den Heiland ein, lass den Heiland ein!
Will ein Bettchen warm zur Ruh. Lass den Heiland ein, lass Ihn ein!
Will bei dir geborgen sein, zart und lieb ein Kindelein.
Behtlehem lass den Heiland ein! Lass den Heiland ein, lass Ihn ein!
2. Josef geht mit müdem Fuß. Lass den Heiland ein, lass den Heiland ein!
Doch vergebens ist sein Gruß. Lass den Heiland, lass Ihn ein!
Und Maria weint und sinnt: Wo soll betten ich das Kind,
wenn ich keine Heimstatt find? Lass den Heiland ein, lass Ihn ein!

3. *Menschenherz, hör doch das Flehn! Lass den Heiland ein,*
lass den Heiland ein!
Lass den Herrn nicht draußen stehn! Lass den Heiland ein, lass Ihn ein!
Birg den lieben Jesu rein, warm in deines Herzens Schrein,
ewig wird dann Weihnacht sein! Lass den Heiland ein, lass Ihn ein, o lass Ihn ein!

1. **St. Josef geht von Tür zu Tür,** *bringt überall sein Bitten für:*
„Maria ist so müd' und bang'. Gebt Herberg' uns, der Weg war lang!"
O Betlehem, erhör das Flehn, lass deinen Herrn nicht draußen stehn!
2. *Doch überall das harte Wort: „Hier ist kein Platz, drum geht nur fort!"*
Maria sinnet kummervoll, wohin das Kind sie betten soll?
O Bethlehem, wie hart bist du, du schlägst die Tür dem Christkind zu!

3. Das Vieh im Stall kennt seinen Herrn, macht Platz der Mutter Gottes gern.
Doch Bethlehem hat nicht erkannt, dass Gott den Heiland hat gesandt.
O Bethlehem, wie bist du blind, dass du nicht kennst das Gotteskind!
4. Und Herberg' sucht nun jedes Jahr, für's Jesuskind das heilige Paar.
Schau an das Kind so arm und klein, es möchte bei dir geborgen sein.
Bedenk o Mensch, welch Kind es ist: Dein Gott und Heiland, Jesus Christ!

1. **Wer klopfet an?** O zwei gar arme Leut'.
Was wollt ihr denn? O gebt uns Herberg heut'.
O durch Gottes Lieb' wir bitten: Öffnet uns doch eure Hütten!
O nein, o nein! O lasset uns doch ein! Es kann nicht sein!
Wir wollen dankbar sein! Nein, es kann einmal nicht sein!
Da geht nur fort, ihr kommt nicht rein!
2. Wer vor der Tür? Ein Weib mit ihrem Mann!
Was wollt denn ihr? Hört unser Bitten an!
Lasset uns bei euch heut wohnen,
Gott wird euch schon alles lohnen!
Was zahlt ihr mir? Kein Geld besitzen wir!
Dann geht von hier! O öffnet uns die Tür!
Ei, macht mir kein Ungestüm, da packt euch, geht woanders hin!
3. Was weinet ihr? Vor Kält erstarren wir. Wer kann dafür?
O gebt uns doch Quartier. Überall sind wir verstoßen,
jedes Tor ist uns verschlossen! So bleibt halt drauß'!
O öffnet uns das Haus! Da wird nichts draus!
Zeigt uns ein andres Haus! Dort geht hin zur nächsten Tür!
Ihr habt nicht Platz, geht nur von hier!
4. Da geht nur fort! O Freund, wohin, wo aus?
Ein Viehstall dort! Geh Josef nur hinaus!
O mein Kind nach Gottes Willen,
musst du schon die Armut fühlen!
Jetzt packt euch fort! O dies sind harte Wort!
Zum Viehstall dort! O wohl ein schlechter Ort!
Ei, der Ort ist gut für euch, ihr braucht nicht viel. Da, geht nur gleich!

Der **Engel des Herrn** (GL 843 und in anderen Variationen)

Sieh, der Herr kommt in Herrlichkeit ((GL 816)
Sieh der Herr kommt in Herrlichkeit und mit ihm seine heilige Schar.
Und erstrahlen wird an jenem Tag ein großes Licht. Halleluja.

Hochfest der
Geburt des Herrn
– Weihnachten

4 Hochfest der Geburt des Herrn

WEIHNACHTEN IM KIRCHENJAHR

Der Weihnachtsfestkreis liegt in der dunkelsten Zeit des Jahres. Er beginnt mit einer Kerze im Advent und wird jeden Sonntag um ein Licht heller. In der Heiligen Nacht werden die Kerzen zu einem hellen Lichterbaum. Eine schöne Symbolik für Jesus Christus, der das wahre Licht der Welt ist.

Die Kirche nennt Weihnachten **Hochfest▸ der Geburt des Herrn.** Die Geburt Christi ist das wichtigste Ereignis der ganzen Weltgeschichte. Die **Liturgie▸** von *Weihnachten* lädt uns ein, den göttlichen Erlöser aufzunehmen, den wir im Kind in der Krippe erkennen. Viele Symbole helfen uns, das Geheimnis von Weihnachten besser zu verstehen. Das Licht ist darunter eines der tiefsinnigsten. Das Fest fällt in die Wintersonnenwende, zu dieser Zeit nimmt auf unserer Hemisphäre das Tageslicht wieder zu. Das Naturereignis deutet auf eine andere Wirklichkeit hin, die die Menschen berührt: Das Licht des Guten siegt über die Dunkelheit des Bösen, die Liebe überwindet den Hass. Zu Weihnacht erstrahlt die Botschaft vom endgültigen Sieg der Liebe Gottes über Sünde und Tod.

Weihnachten feiern wir *acht* Tage (**Oktav▸**), es gipfelt im 1. Januar und ist ein dreifaches Fest: Hochfest der Gottesmutter, Oktavtag und Jahresbeginn. Mit Dreikönig schließlich endet der *Kleine Weihnachtsfestkreis*. Die Krippe wird bis dahin den Evangelienberichten gemäß gefüllt und katechetisch begleitet durch Eltern, Großeltern und Tanten.

DIE ZWEI WEIHNACHTLICHEN **HOCHFESTE▸**

- **Geburt unseres Herrn** (25. Dezember)
- **Erscheinung des Herrn** (6. Januar)

Die Daten der beiden weihnachtlichen Hochfeste wurden im vierten Jahrhundert festgelegt, nachdem die Kirche die Gottheit Christi, geboren von einer Frau, allen Leugnern gegenüber feierlich bekennen musste: Jesus Christus ist wahrer Gott und wahrer Mensch, er hat deshalb auch einen konkreten Geburtstag, den wir am 25. Dezember feiern. „Christus, der Retter ist da", singen wir in der „stillen, heiligen Nacht" jedes Jahr tief bewegt. „Heute" ist Er der verborgene Gott, doch „morgen" wird Er kommen in Macht und Herrlichkeit (Ende der Zeit). Christi Geburt ist die Zeitenwende. Christus ist Zentrum aller Verkündigung.

Die Kirche des Westens

hat als Termin den *25. Dezember* gewählt. Er galt vorher als Festtag des unbesiegbaren Sonnengottes Helios und des Gottes Mytras. Die Christen aber bekennen Jesus Christus als das wahre Licht der Welt und die wahre Sonne.

Die Kirche des Ostens

bevorzugt den *6. Januar.* Mit ihr feiern auch wir diesen Tag als Erscheinung des Herrn *(Epiphanie)*: Erscheinung durch die Anbetung der Könige vor dem neugeborenen Gotteskind und der Bestätigung durch die Stimme Gottvaters bei der Taufe Jesu (1. Sonntag nach Dreikönig) und den ersten Wunderzeichen des Herrn. (GL Nr.128).

Jüdische Festkalender feiert ein Lichterfest

Auch der Jüdische Kalender kennt ein Lichterfest, Chanukka genannt. Dieses um die Wintersonnenwende gefeierte Fest geht auf ein geschichtliches Ereignis im zweiten vorchristlichen Jahrhundert zurück. Chanukka heißt Entweihung. Die Griechen haben den Tempel entweiht und die Zeusstatue aufgestellt. Judas Makkabäus gelang es, Jerusalem zu erobern und den entweihten Tempel neu zu weihen. Das Fest dauert acht Tage, es bekam erst mit der Zeit die heute bekannte traditionelle Form: das Anzünden von acht Kerzen auf dem Chanukka-Leuchter. Das Chanukkafest wird im Dezember gefeiert und die Kinder bekommen Geschenke.

WEIHNACHT IN DER HAUSKIRCHE

Die Familien feiern Weihnachten am *Heiligen Abend*, vor oder nach der feierlichen Weihnachtsliturgie, der *Christmette.* Die Familie versammelt sich zuerst um die Krippe, die das Geschehen der Heiligen Nacht darstellt, dann um den Christbaum, der Christus als Licht der Welt symbolisiert. Papst Benedikt ruft zur Bewahrung der christlichen Weihnachtsbräuche auf, denn „in einer modernen und konsumorientierten Welt gilt es, diese Traditionen – als Teil des Glaubens – an die kommende Generation weiterzugeben". Dieses Fest kennt eine Fülle von Bräuchen und Brauchtum, weshalb es besonders wichtig ist, vor lauter Äußerlichkeiten auf das Wesentliche nicht zu vergessen.

VORBEREITUNG AUF WEIHNACHTEN

■ Das Fest erfordert viel Vorbereitung, weshalb „hinarbeiten" und „aufhören können" wichtig ist. Die beste Vorbereitung ist eine **adventliche Lebensweise**.

■ Die Weihnachtsgeschenke können wir am besten schon das Jahr über, ab *Verkündigung des Herrn* (25. März) besorgen, spätestens bis 3. Adventsonntag.

■ Erprobter Plan für Putzen und Vorbereitung ist hilfreich.

■ Backen der weihnachtlichen Gebildebrote: Kekse nach alten Rezepten und auch optisch wahre Kunstwerke. In Italien ist das Panettone Tradition

■ Gute Beichte rechtzeitig vor Weihnachten einplanen.

24. DEZEMBER AM TAG
Aufgabenverteilung
Die familiären Aufgaben zur Vorbereitung des Heiligen Abend in bewährter Weise auf möglichst alle verteilen, denn „im Tun geschieht Einstimmung".
Fasttag bis Mittag
Diese bewährte Tradition hebt die Freude auf ein festliches Maß! Vielen kirchlichen Festen geht deshalb ein halber oder ganzer Fasttag voraus.
Letzte Rorate
Mit dem Evangelium vom Stammbaum Jesu (Mt 1, 1-25). Einige der schwierigen Namen sind uns bekannt, viele andere nicht. Der *menschliche* Stammbaum Jesu kennt alle Höhen und Tiefen menschlicher Möglichkeiten: Tamara war eine Hure; Ruth eine gute Schwiegertochter; David ein Ehebrecher und Mörder, nach seiner Bekehrung wurde er der große König; schließlich Josef, der Verlobte Marias, von ihr wird Jesus geboren. Wir bedenken unseren eigenen Stammbaum, Gott schreibt Heilsgeschichte, vertrauen wir seiner Vorsehung.

Christbaum schmücken,
gemäß der familiären Tradition, nämlich (in der Regel) immer den gleichen. Der schönste Christbaum ist für die meisten Menschen jener der Kindheit.

Zur Geschichte des Weihnachtsbaumes
Zusätzlich zum Aufstellen der Krippe ist das Schmücken des Weihnachts- oder Christbaums der bekannteste Brauch zur Weihnacht. Er wird erstmals um 1605 erwähnt als Tannenbäumchen, geschmückt mit Äpfeln, Oblaten, Zucker und Zischgold. Aufgrund der Symbolik sind zwei Deutungen möglich:

Er erinnert an den Baum der Erkenntnis im Paradies, den Anfang der Menschheitsgeschichte. Nicht umsonst hat die Kirche das Gedächtnis der Stammeltern, Adam und Eva, auf den 24. Dezember, gelegt. Der Weihnachtsbaum ist auch ein Bild jener Lebensbäume, die uns die Offenbarung des Johannes nennt. Ihre Symbolik ist im immergrünen Baum besonders gegenwärtig. In der Endzeit, der endgültigen Weihnacht, werden am Strom die Bäume des Lebens stehen, die zwölf Mal Frucht tragen und deren Blätter zur Heilung der Völker dienen (Off 22,2f). Unsere Weihnachtsbäume tragen Kerzen, Symbol für jenes Licht, das von Gott her in die Welt kam.

Vorkochen und Vorbereiten
des meist traditionellen Mahles für den Heiligen Abend und den 25. Dezember, so weit wie möglich.

Die „Letzte Herbergsuche"
am späten Nachmittag im Stammhaus des Herbergbildes mit dem Gesätz: Den du o Jungfrau zu Bethlehem geboren hast (siehe Seite 26 fff).

Adventkranz verbrennen
Nach der „Letzten Herbergsuche" wird verabschiedend das alte Adventlied gesungen: Sieh der Herr kommt in **Herrlichkeit**▸. Der Kranz wird verbrannt, Geweihtes wirft man nicht weg.

Friedhofgang
mit Christbaum und Kerzen: auch unsere Toten vergessen wir nicht.

Weihnachtliche Lichtgirlanden
in Gärten und auf Balkonen sollen erst ab heute Abend brennen, im Unterschied zur säkularisierten und Geschäftswelt, wo die Lichter bereits erloschen sind. Im christlichen Haus sollen die Lichterbäume bis Dreikönig, besser noch bis Maria Lichtmess (2. Februar) brennen.

Krippe anreichern mit Figuren der Geburt Jesu
Das laufende, aktuelle, katechetisch begleitete Füllen zusammen mit den Kindern spricht Verstand und Gemüt an.

Geschichtliche Wurzeln der Krippe

Erste Darstellungen der Geburt Christi sind in das vierte Jhdt. zu datieren. Wir finden sie in der Katakombenmalerei und der Sarkophagkunst. Die Bilder werden immer mehr ausgestaltet und mit Figuren angereichert. Schon relativ früh werden in die Liturgie szenische Darstellungen aufgenommen. Im 14./15. Jhdt. entstanden viele Krippenspiele, wobei sich langsam die deutsche Sprache durchsetzte. Die gotische Frömmigkeit, besonders im Werk von Franz von Assisi entfaltet dann zunächst ganz einfache Krippenszenen. Angefangen mit Alttestamentlichen Szenen, dann die wesentlichen Gestalten der Geburtsszene und schließlich entfaltet sich eine wahre Krippenkunst an Figuren und Niveau.

Weihnachtlicher Hausaltar

Festlich geschmückt mit

- Tannenreis, Strohsternen und Silberfäden
- Liturgische Farben sind Gold und Weiß
- Krippe mit Geburt Christi

Weihnachtlicher Wohnungsdekor und Gebildebrot

- Festlich geschmückter Tisch (Weihnachtstischdecke)
- Tannenzweige und Silberfäden auf Bilder aufstecken
- Traditionelle Bäckereien, meist Familienrezepte, erst ab Heiliger Abend

DER HEILIGE ABEND

Festliche Kleidung

Statt Jogginghose oder Bluejeans: Kleidung stimmt auch den Menschen festlich.

Erste Haussegnung

Die Familie zieht mit Weihwasser und Weihrauch segnend durch das Haus. Dabei wird das Gesätzchen des Freudenreichen Rosenkranzes gebetet:

Den du o Jungfrau zu Bethlehem geboren hast.

Haussegnung am Heiligen Abend

V: Heute werde euch kund, dass der Herr kommen wird,
morgen schon werdet ihr seine Herrlichkeit schauen.
Herr, erhöre mein Gebet.
A: Und lass mein Rufen zu dir kommen.
V: Lasset uns beten.
O Gott, in dieser hochheiligen Nacht ist uns das wahre Licht,
das jeden Menschen erleuchtet, erschienen.
Lass uns, wir bitten dich, einst im Himmel deinen göttlichen Sohn
im ewigen Licht schauen, den wir heute in seiner Armut begrüßen.
Der mit dir lebt und herrscht in der Einheit des Heiligen Geistes,
Gott von Ewigkeit zu Ewigkeit. Amen.

Der Segensgang endet bei der Krippe mit dem Segensgebet:

V: Lasset uns beten.
Allmächtiger Herr und Gott, segne dieses Haus.
Lass für immer hier wohnen: Gesundheit, Tugend,
Reinheit, Demut, Güte, Sanftmut,
hilf, dass alle deine Gebote erfüllen
und immer dankbar seien gegenüber Gott,
dem Vater, dem Sohn und dem Heiligen Geist
Gottes Segen bleibe allzeit über diesem Haus und allen seinen Bewohnern.
Durch Christus unseren Herrn. Amen.

Traditionelles Mahl

schmeckt nach adventlicher Askese besonders (Bratwürstel mit Sauerkraut, o. a.)

Beginn bei der Krippe

Es sollte in christlichen Familien Brauch sein, zuerst zur Krippe zu gehen und dort die Feier mit dem Weihnachtsevangelium und Lied zu beginnen.

Vater/Mutter lesen das Evangelium von der Geburt des Herrn (Luk 2, 1-14)

Abschluss mit dem *Engel des Herrn* und der weihnachtlichen *Schlussoration* ▸:

Lasset uns beten! Gütiger Gott
Jahr für Jahr erwarten wir voll Freude das Fest unserer Erlösung.
Gib, dass wir deinen Sohn von ganzem Herzen
als unseren Retter und Heiland aufnehmen,
damit wir ihm voll Zuversicht entgegen gehen können,
wenn er am Ende der Zeiten als unser Richter wiederkommt.
Er, der in der Einheit des Heiligen Geistes
Mit dir lebt und herrscht in Ewigkeit. Amen.

TAGESGEBET VOM 25. DEZEMBER

Anzünden des Christbaums

Unvergesslich ist der erste Anblick des strahlenden Christbaums. Feiern auch Kinder mit, ist uns ein Blick in ihre Augen ebenso unvergesslich. Lassen wir uns Zeit, den Christbaum zu bewundern: Wie schön ist doch so eine Tanne, wie viele Jahre ist sie doch gewachsen, aus welchem Wald kommt sie? Einige echte Lichter sollen am Weihnachtsabend brennen, auch wenn zusätzliche elektrische Kerzen leuchten.

Weihnachtslieder – Zumindest die wichtigsten zwei bis drei, gut wäre auch ein Textbuch, um die schönen, oft erst letzteren Strophen singen zu können. Sie bieten oft sehr sinnreiche Texte.

Persönlicher Weihnachtswunsch

Ich wünsche dir: Frohe und gesegnete Weihnachten!

Bescherung – Der Brauch ist alt und gut, schlecht ist die Übertreibung!

Festliche Runde um den Christbaum nach je traditioneller Gestaltung.

MITTERNACHTSMETTE

Gemeinsamer Weg zur Mitternachtsmette

Die Wanderung in dieser „stillen, heiligen Nacht" wird zum besonderen Erlebnis. Von Ferne hört man mancherorts die Turmbläser. Festliche Liturgie bewusst mitfeiern, sie ist die erste der vier Liturgien von Weihnachten.

WEIHNACHTSWUNSCH

Frohe und gesegnete Weihnachten!

Persönlich und schlicht, statt übertriebener Formulierungen.

WEIHNACHTSTAG, 25. DEZEMBER

Weihnachten hat vier Liturgien, um die großen Ereignisse der Reihe nach zu verkünden, wie sie in den Evangelien berichtet werden (mehr im **Sonntags-Schott**▸):

- ■ Heiliger Abend: Geburt Jesu Christi
- ■ Heilige Nacht: Verkündigung durch die Engel (Engelamt)
- ■ Weihnachtsmorgen: Ankunft der Hirten (Hirtenamt)
- ■ Weihnachtstag: Ankunft der Völker, also wir!

WEITERE HÖCHST SINNREICHE TRADITIONEN SIND:

Festliches Äußeres

Nicht Gott braucht unser festliches Erscheinen, sondern wir Menschen. Festlicher gekleidet ist festlich gestimmt, wir erleben den Hohen Tag intensiver. Das ist keine Modenschau, sondern Kultur. Die Tradition unterschied zwischen Sonntags- und Festtagskleidung. Hochfeste wurden durch die Festtracht nochmals herausgehoben.

Hochamt und Krippenbesuch

In aller Regel ist das Hochamt sehr festlich, uns bleibt der feste Auftrag: mitfeiern und mitsingen. Daran schließen sich die Reverenz bei der Krippe, Bewunderung und Anbetung an.

Der Päpstliche Segen Urbi et Orbi

Der Papst spricht die Weihnachtsbotschaft und spendet der Stadt Rom und dem ganzen Erdkreis um 12.00 Uhr den traditionsreichen Segen Urbi et Orbi und wünscht in mittlerweile vierundsechzig Sprachen Frohe und gesegnete Weihnachten. Über Fernsehen können wir den päpstlichen Segen empfangen und einen **vollkommenen Ablass**▸ gewinnen.

Gemeinsames festliches Mahl

Ebenfalls bei vielen Familien etwas Traditionelles, hoffentlich schon möglichst vorgekocht! Vielleicht gibt es dazu noch den geweihten Johanneswein vom Vorjahr. Die nächste Weinweihe ist ja bereits in wenigen Tagen.

Geruhsamer festlicher Tag

Die Familie bleibt unter sich oder lädt zum Verwandtenbesuch ein.

Weihnachtliche Vesper (Abendgebet der Kirche) in der Familie oder Pfarrkirche am Abend.

Der täglich dreimalige **Engel des Herrn** (morgens, mittags, abends) mit der abschließenden feierlichen **Weihnachtsoration**▸:

Lasset uns beten!
Allmächtiger Gott,
dein ewiges Wort ist Fleisch geworden,
um uns mit dem Glanz deines Lichtes zu erfüllen.
Gib, dass in unseren Werken widerstrahlt,
was durch den Glauben in unseren Herzen leuchtet.
Darum bitten wir durch ihn, unseren Herrn Jesus Christus,
deinen Sohn, unseren Herrn und Gott,
der in der Einheit des Heiligen Geistes
mit dir lebt und herrscht in alle Ewigkeit. Amen.

26. DEZEMBER, ERZMÄRTYRER▸ STEPHANUS

Mit dem ersten Märtyrer, einem jungen Mann aus Jerusalem, wird die Idylle von Weihnacht abrupt ernüchtert. Stephanus, einer der sieben Diakone der Gemeinde von Jerusalem (Apg 6,5), spielte eine besondere Rolle. Er wird geschildert als ein Mann voll Gnade und Kraft, voll des Heiligen Geistes. Er ist ein Blutzeuge, weshalb die liturgische Farbe rot ist. Jäh wird die Weihnachtsfreude unterbrochen, der erste Märtyrer für Christus wird gefeiert. In vielen Gegenden wird traditionell das Verwandtentreffen gefeiert.

BALL UND TANZ

ab Stephanitag, richtiger noch ab Neujahr!

Der Kleine Weihnachtsfestkreis

5 Der Kleine Weihnachtsfestkreis

DER KLEINE WEIHNACHTSFESTKREIS IM KIRCHENJAHR

Das weihnachtliche Festgeheimnis wird weiter entfaltet im sogenannten *Kleinen Weihnachtsfestkreis*. Leider kennen viele die sogenannten Zwischentage, *Weihnacht* bis *Dreikönig*, nur als Ferien. Ferien und Schi fahren in Ehren, doch vom 27. Dezember bis Dreikönig gibt es wichtige Ereignisse und Hochfeste mit reichem Brauchtum.

Der Kleine Weihnachtsfestkreis dauert bis Sonntag nach Dreikönig.
Der Große Weihnachtsfestkreis dauert bis 2. Februar, Darstellung des Herrn.

ZWEI VERWIRKLICHUNGSMÖGLICHKEITEN DER CHRISTEN

In der Weihnachtszeit stellt die Kirche – außer der Menschwerdung Gottes – die zwei großen Verwirklichungsweisen des Christseins vor: Märtyrer und Bekenner

- Erzmärtyrer Stephanus (26.12.) Blutzeuge
- Evangelist Johannes (27.12.) Bekenner
- Kindermord in Bethlehem (28.12.), Martyrium ohne persönliche Entscheidung
- Hl. Thomas Becket (29.12.) Bischof und Märtyrer.

DAS MYSTERIUM VON WEIHNACHTEN WIRD WEITER ENTFALTET DURCH:

- Fest der Heiligen Familie (1. Sonntag nach Weihnachten)
- **Oktav**: Neujahr, Namensgebung Jesu und Hochfest der Gottesmutter
- Taufe Jesu, 1. Sonntag nach Erscheinung des Herrn
- Darstellung des Herrn, 40 Tage nach Weihnachten, 2. Februar, (GL Nr.128).

Dazu der bürgerliche Jahreswechsel

ALTJAHRESTAG, 31. DEZEMBER

Es ist die *„letzte Stunde"* heißt es in der Tageslesung, nicht so sehr wegen der letzten Stunden des Kalenders. Vielmehr erinnern wir uns, dass die Geschichte der Welt und der Menschheit einen Anfang und ein Ende hat. Die Geschichte verläuft nicht in ewigen Kreisen, wie viele Zeitgenossen zu denken scheinen, vielmehr geht sie auf ein Ziel zu. Wir stehen in der Endzeit. Wir wissen auch nie, wann „unsere persönlich letzte Stunde" schlägt und sind so in die Entscheidung gestellt.

Der Tagesheilige, Papst Silvester: Von diesem Papst wissen wir jedenfalls, dass er ein großer Gelehrter war, dass er über dem Petrusgrab im vatikanischen Gräberfeld die erste Petruskirche errichten ließ und die Lateranbasilika.

ROM UND DER PAPST
Ein feierliches **Te Deum**▸ *zum Jahresschluss am 31. Dezember abends und ein festliches Hochamt zum Neujahr. Das ist das liturgische Programm im Vatikan.*

NEUJAHR, 1. JANUAR
Hochfest der Gottesmutter und **Oktavtag**▸ von Weihnachten. Das ist viel für einen einzigen Tag. Es braucht aber auch viel, damit dieser Tag ein Anfang werden kann, und zwar nicht nur im Kalender. Im Namen Gottes, im Licht seines Angesichtes gehen wir unseren Weg. Wir schauen auf den Sohn, er schaut uns an, das Kind mit dem Herzen Gottes und mit den Augen seiner Mutter. Die Kirche stellt das bürgerliche Jahr unter den Schutz des Namens Jesu und der Gottesmutter und „Großen Frau".

ERSCHEINUNG DES HERRN, 6. JANUAR
Besser bekannt als *Dreikönigstag,* er hat von jeher hohen liturgischen Rang. Matthäus (2,1) schildert die *Geburt des Herrn* nur in einem Nebensatz. Das Kommen der Magier und mit ihnen das *Kommen der Heiden*, um dem Neugeborenen zu huldigen, erzählt er ausführlich. Kein Engel hatte zu den Magiern gesprochen. Sie brachen auf, machten die weite Reise, sie suchten und fanden den Herrn, den verborgenen König. Epiphanie geschieht auch für uns. In heiligen Mysterien begegnet uns der *König der Welten* als kleines Kind. Und er begegnet uns in den Menschen, die uns lieben oder es nötig haben, dass wir sie lieben.

FEST DER TAUFE JESU, 1. SONNTAG NACH DREIKÖNIG
Das ist der Abschluss des *Kleinen Weihnachtsfestkreises.* Dieser Sonntag wird liturgisch jedoch bereits zu den „Sonntagen im Jahreskreis" gezählt. Die Krippe bleibt stehen und wird den Berichten des Evangeliums gemäß angereichert. Der Christbaum wird nach Dreikönig weggeräumt und die Tage nehmen langsam an Länge und Licht zu.

Der Jüdische Jahresbeginn

Das Jüdische Jahr beginnt mit Nissan, das ist der März. Gedacht wird dabei der Erschaffung der Welt. Erst nach dem Babylonischen Exil bekommt *Rosch Haschana* wahrscheinlich *Neujahrscharakter*. Es wird im September oder Oktober gefeiert, wo die ganze Feldarbeit getan ist. Es heißt in der Thora: Im siebten Monat, am ersten Tag des Monats, ist für euch Ruhetag, in Erinnerung gerufen durch das Hornblasen (Lev 23,23). Dieses Fest wird auch als Tag des Hornblasens bezeichnet. Das dabei verwendete Horn, das Schofar, ist ein Widderhorn, in Erinnerung an den Widder, den Abraham an Stelle von Isaak opferte. Das Hornblasen ist daher gleichzeitig ein Zeichen der Erlösung   AUS: DIE JUDEN UND IHR GLAUBE, SEITE 167FF

Zehn Tage nach Neujahr wird Yom Kippur, der Versöhnungstag, gefeiert. Die Tradition besagt, dass das Urteil vom Neujahrstag am Versöhnungstag besiegelt wird. Die zehn Tage zwischen diesen Feiertagen gelten als Bußtage. Enthaltung an diesen Tagen betreffen unter anderem Essen, Trinken, Körperpflege und Geschlechtsverkehr.

DER KLEINE WEIHNACHTSFESTKREIS IN DER HAUSKIRCHE

„Draußen" erlöschen bald nach Weihnachten die Lichter, die Geschäftswelt hat Lichter und Glitzern in den Advent vorverlegt, ihr geschäftliches Interesse ist am 24. Dezember befriedigt. Doch in der Hauskirche fängt Weihnachten erst mit dem 24. Dezember an. Wir beginnen erst zu Weihnachten mit einem Überschwang an Lichtern, Kerzen und Glanz an Christbaum und Girlanden. Nicht nur am Weihnachtstag, sondern acht Tage lang (**Oktav**▸) und schließlich abfallend, im *Kleinen und Großen Weihnachtsfestkreis*, strahlen Lichter in einem Übermaß. Die Liturgie verkündet das Licht als das Symbol von Weihnachten in ihren wunderbaren Gebeten, voll innerer Glut, wie das *Tagesgebet am Weihnachtsmorgen*:

Lasset uns beten!
Allmächtiger Gott! Dein ewiges Wort ist Fleisch geworden,
um uns mit dem Glanz deines Lichtes zu erfüllen.
Gib, dass in unseren Werken widerstrahlt,
was durch den Glauben in unseren Herzen leuchtet.
Darum bitten wir durch Jesus Christus …

JOHANNES DER EVANGELIST, 27. DEZEMBER

Die *Segnung* des *Johannesweins* findet meist während der heiligen Messe, vor dem Schlusssegen, statt. Man kann den Priester auch darum bitten. Mit diesem Brauch wird eine Brücke zwischen Kirche und Hauskirche geschlagen. Wenn darüber hinaus der Glaube gestärkt und durch solche Liebe gegen alles Gift gefeit wird, ist der Brauch sinnvoll und verdient, gepflegt zu werden. Der Wein schenkt Freude und der Evangelist Johannes ist der Lieblingsjünger, das ist der Grund der Freude. Sinnvoll ist, sich für besondere Anlässe einige Flaschen Wein segnen zu lassen.

Segensgebet über den Johanneswein:
Lasset uns beten.
Herr, unser Gott, du schenkst uns den Wein
als Frucht der Erde und der menschlichen Arbeit.
Dein Sohn Jesus Christus hat den Wein erwählt
als Zeichen des Neuen Bundes in seinem Blute.
Segne + diesen Wein,
den wir zu Ehren des heiligen Apostel Johannes trinken.
Lass uns erfahren, dass du der Gott bist,
der die Herzen der Menschen froh macht und Gemeinschaft stiftet.
Darum bitten wir durch Christus unseren Herrn. Amen.

Trinksprüche:
„Auf die Liebe des heiligen Johannes" (Johanneswein)
„Auf Feuer und Geist des heiligen Stephan (Stephanus)

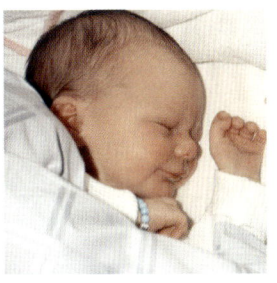

KINDERMORD IN BETHLEHEM, 28. DEZEMBER

Der Bericht vom Kindermord in Bethlehem steht bei Math 2, 16-18. Mathäus sieht in diesem schrecklichen Vorgang das Wort des Propheten Jeremia (31,15) erfüllt. Einen liturgischen Gedenktag dieser kindlichen Blutzeugen im Anschluss an Weihnachten gibt es seit dem fünften Jhdt. Augustinus und andere Kirchenväter haben die kindlichen Märtyrer gerühmt, die nicht nur als Zeugen für Jesus, sondern stellvertretend für ihn gestorben sind.

- Glockengeläut, Mahnung gegen das große Morden: Abtreibung
- Krippe aktuell anreichern und katechetisch begleiten.
- Kindersegnung: Priester oder Eltern: Der Elternsegen ist ein starkes Gebet.

FEST DER HEILIGEN FAMILIE, 1. SONNTAG NACH WEIHNACHTEN

Was kann für die Familie von heute – Vater, Mutter und Kinder – die Heilige Familie schon bedeuten? Damals war doch alles ganz anders! Alles? Da war ein Kind, das sie liebten, Maria, die Mutter und Josef, der Vater an Gottes Statt. Diese drei waren eins in Ehrfurcht und Liebe. Fragen und Schmerzen warten auf das Kind und die Eltern. Nichts kann ihnen schaden; nichts dem Kind, das geliebt wird, und nichts den Eltern, die vertrauen und bereit sind, das Leben des Kindes und ihr eigenes zu wagen!

- Familienweihe oder Erneuerung (Die Kirche erwacht, S. 132ff)
- Familienfeste vieler Art, in der Pfarrei und auch Weltfamilientreffen
- Kindersegnung: Die Kinder sollen erleben, dass die Menschwerdung Gottes für sie ein besonderes Geschenk des himmlischen Vaters ist. Sie empfangen den Segen und geben ein Opfer für die Kinder in Missionsgebieten.
- Krippengang: Einige Kirchen bieten wunderbare Krippen (Mariazell z. B).

FÜNFTER TAG IN DER WEIHNACHTSOKTAV, 29. DEZEMBER

Thomas Becket, Bischof und Märtyrer. Er wurde 1162 Erzbischof von Canterbury Dem Erzbischof war die Freiheit der Kirche wichtiger als die Freundschaft mit dem König, mit dem er bis dahin ein Herz und eine Seele war. Es gab heftige Auseinandersetzungen, Becket verließ England und kehrte nach deren Bereinigung nach England zurück. Während der Vesper, am 29. Dezember 1170 wurde Thomas in seiner Kathedrale ermordet, 1173 heiliggesprochen wurde sein Grab zu einem der großen Wallfahrtsorte in England.

ALTJAHRS-TAG, 31. DEZEMBER

Sehr viel christliches Brauchtum ist mit der letzten Nacht des bürgerlichen Jahres nicht verbunden. Tag, Abend und Mitternacht wollen, wenn sinnvoll gefeiert, gemäß bestimmter Traditionen vorbereitet sein. Sinnvoll wäre

- der Vormittag-Fasttag angesichts der bevorstehenden Festessens
- möglichst vieles für die Festessen von Silvester und Neujahrstag vorbereiten.
- gemeinsam am späten Nachmittag die Jahresschlussandacht besuchen. In vielen Pfarren wird dabei der Verstorbenen dieses Jahres gedacht.
- Spaziergang am späten Nachmittag, er könnte auch über den Friedhof führen. Wir vergessen unsere Toten nicht, bringen ihnen das geweihte Licht

ALTJAHRS-ABEND

Eine *häusliche Feier* ist passender als lärmendes und ausgelassenes Treiben.

■ *Krippenfeier*, Anzünden der Christbaumkerzen, ein Weihnachtslied

■ *Festliches Abendessen*, in der Regel gemäß der verschiedenen Traditionen

■ *Zweite* **Haussegnung** ▸: Die Familie geht betend durch Haus und Hof, um den Segen Gottes zu erbitten. Segnen hilft! Segnen, was für unsere Existenz heute wichtig ist, zum Beispiel auch den PC, damit er nie abstürzen möge.

■ Lesungen, Psalm, Gebete aus **Schott** ▸ (vom morgigen Hochfest) oder GL Nr.157, 158.

■ Anschließend Austausch der Erinnerungen: Sich der wichtigen Ereignisse des scheidenden Jahres dankbar erinnern (siehe **Direktorium Hauskirche** ▸).

■ Die *abgelaufenen Jahreskalender* abnehmen und Erinnerungen austauschen: Wichtige Begegnungen, Erfahrungen, Menschen, Bücher und andere Ereignisse des Jahres.

■ *Aufgehängte Kinderzeichnungen* abnehmen: Bei uns gab es das Jahr über viele solche Gemälde von unseren Kindern, sie wurden signiert und aufgehängt. Am Altjahrestag wurden sie abgenommen und aufbewahrt. Zu bestimmten Anlässen werden sie dem „Künstler" übergeben, ein beliebtes Geschenk!

■ *Fest* mit Freunden oder Verwandten: Jeder bringe originelle Ideen mit.

■ *Fernsehprogramm* einbeziehen, auch Pummerin-Geläut und Wiener Walzer

■ Auch wer *allein* ist, kann feiern und gestalten. Von selbst geschieht nichts!

Haussegnung am Altjahrestag

V: Seht, Maria gebar uns den Heiland, bei dessen Anblick Johannes die Worte ausrief: Seht das Lamm Gottes, das hinweg nimmt die Sünden der Welt.
A: Alleluja.
V: Herr, erhöre mein Gebet.
A: Und lass mein Rufen zu dir kommen.
V: Lasset uns beten.
Großer Gott! Du hast durch die fruchtbare Jungfrauschaft Marias
dem Menschengeschlecht die Schätze des ewigen Heils verliehen.
Wir bitten dich, lass uns die Macht ihrer Fürbitte erfahren.
Durch sie durften wir empfangen den Urheber des
Lebens, unseren Herrn Jesus Christus, deinen Sohn.
Der mit dir lebt und herrscht in der Einheit des Heiligen Geistes,
Gott von Ewigkeit zu Ewigkeit. Amen.

Die Familie zieht mit Weihwasser und Weihrauch segnend durch das Haus. Dabei wird das Gesätz gebetet: Den du o Jungfrau zu Bethlehem geboren hast.

Segensgebet zum Abschluss vor der Krippe:

V: Lasset uns beten.
Allmächtiger Herr und Gott, segne + dieses Haus!
Gib, dass hier allezeit wohnen:
Gesundheit, Tugend und Selbstvertrauen
Keuschheit, Demut, Güte und Menschenfreundlichkeit,
dass alle deine Gebote erfüllen und immer dankbar seien
gegenüber Gott, dem Vater, dem Sohn und dem Heiligen Geist.
Gottes Segen bleibe allezeit über diesem Haus und allen seinen Bewohnern.
Durch Christus unseren Herrn. Amen.

MITTERNACHT, JAHRESWECHSEL

- Licht, Brot und Salz, sind die aufgestellten Gaben, sie bleiben als Weihegaben die ganze Nacht über auf dem Tisch. Darum bitten wir Gott: Das tägliche Brot, das Licht des Glaubens und das würzende Salz möge Er uns weiterhin schenken im Neuen Jahr.
- Die passenden Gebete vorbereiten: Das *Gloria*, den *Engel des Herrn*, das *Te Deum* (GL Nr. 706), oder das Lied Großer Gott, wir loben dich!
- Feuerwerk in der Familie: Spritzkerzen können Böller ersetzen
- Sekt und Wiener Walzer zum Abschluss der familiären Feier.

NEUJAHRSTAG - HOCHFEST DER GOTTESMUTTER MARIA

Die Katholiken beginnen alles im Namen Jesu, in Gottes Namen:
Die erste Stunde des Tages, den ersten Tag der Woche, den ersten Tag im Jahr!

- Hausaltar: Festlich geschmückt, liturgische Farbe Weiß und Gold.
- Neujahrswunsch: Schlicht und sinnreich, statt einer komplizierten Formel.

Neujahrswunsch persönlich, in Familie und Pfarrgemeinde
Ein gutes und gesundes Neues Jahr!
Segen und Gesundheit!
Halten wir zusammen!

- Gebildebrot, meist aus Germteig: *Wecken* mit Knauf aus zwei Köpfen (= Januskopf); Kranz symbolisiert den ewigen Kreislauf des Jahres; vierblättriges Kleeblatt als Neujährchen im Rheinland
- Persönliches Leitwort für Neujahr wählen: Wort aus der Heiligen Schrift

- Gemeinsamer Besuch des Hochamtes, Reverenz bei der Krippe
- Weihetag der Gottesmutter: Weihe vollziehen oder erneuern
- Wallfahrt zu einem Marienheiligtum
- Neujahrsbotschaft des Papstes mit dem Apostolischen Segen über Fernsehen
- Neujahrskonzert der Wiener Philharmoniker im Fernsehen (ab 11.00 Uhr),
- Kalender für das kommende Jahr aufstecken
- Neuen Terminkalender mit persönlichem Leitwort beschriften.
- Mancherorts Neujahrs-Ansingen in Familie und Öffentlichkeit, ernst und heiter zugleich.

HOCHFEST ERSCHEINUNG DES HERRN, 6. JANUAR

Kein Engel hatte zu den Magiern gesprochen. Und doch war ihnen das wahre Licht aufgegangen. Sie brachen auf, machten die weite Reise, suchten und fanden den Herrn, den verborgenen König. Epiphanie geschieht auch für uns.

Am Vorabend

- *Gebildebrot* ist eine Krone (Germteig) mit eingebackener Münze: Wer die Münze findet, ist für diesen Tag *amtierender König*. Andere backen den Dreikönigkuchen mit *drei mitgebackenen Bohnen* (weiß, braun und schwarz). Die schwarze Bohne verleiht den Königtitel für diesen Tag; die braune Bohne macht heute arbeitsfrei; wer die weiße Bohne findet, erhält für heute eine besondere Funktion. Der König schließlich darf zusätzlich alle beschenken, somit endet das Spiel für alle mit einer Überraschung.
- *Dritte und letzte Haussegnung*: Dazu wird mit geweihter Kreide der Segensspruch an die Türe geschrieben, wenn nicht schon durch die Sternsinger geschehen: + C + M + B + einschließlich der Jahreszahl. CMB sind die Anfangsbuchstaben der lateinischen Wörter:
  Christus **M**ansionem **B**enedicat, das heißt: Gott segne dieses Haus!
- *Häusliche Feier*: Beten der *Ersten Vesper* und/oder Hören der heiligen Lesungen vom angebrochenen Festtag, liturgisch beginnt der Tag am Vorabend.
- *Hausaltar*: festlich, Gold und Weiß: Weihrauchfass, Krone und Myrrhe.
- *Krippe und katechetische Begleitung*: Könige samt Gefolge ziehen ein.

Haussegnung am Vorabend von Dreikönig

V: Die Weisen taten ihre Schätze auf und brachten dem Herrn
Weihrauch, Gold und Myrrhe.
A: Alleluja

V: Herr, erhöre mein Gebet.
A: Und lass mein Rufen zu dir kommen.
V: Lasset uns beten. Wunderbarer Gott!
Du hast am heutigen Tag den Heiden durch einen
Stern, der sie führte, deinen eingeborenen Sohn geoffenbart.
Wir dürfen dich glaubend erkennen.
Führe uns, wir bitten dich, durch deine Gnade
zur Anschauung des vollen Glanzes deiner Herrlichkeit.
Durch unseren Herrn Jesus Christus, der mit dir lebt und
herrscht in der Einheit des Heiligen Geistes,
Gott von Ewigkeit zu Ewigkeit. Amen.

Die Familie zieht mit Weihwasser und Weihrauch segnend durch das Haus.
Dabei wird das Gesätzchen des Freudenreichen Rosenkranzes gebetet:
Den du o Jungfrau zu Bethlehem geboren hast.

Segensgebet zum Abschluss vor der Krippe:
V: Lasset uns beten.
Allmächtiger Herr und Gott, segne+ dieses Haus!
Gib, dass hier allezeit wohnen: Gesundheit, Tugend und Selbstvertrauen
Keuschheit, Demut, Güte und Menschenfreundlichkeit,
dass alle deine Gebote erfüllen und immer dankbar seien
gegenüber Gott, dem Vater, dem Sohn und dem Heiligen Geist.
Gottes Segen bleibe allezeit über diesem Haus und allen seinen Bewohnern.
Durch Christus unseren Herrn.
Amen.   AUS DEM WEIHEGEBET DES DREIKÖNIGWASSERS.

DREIKÖNIGS-TAG

- Gemeinsamer *Besuch des Hochamtes*, besonders festliche Eucharistiefeier, wenn alle Gruppen der Sternsinger einziehen.
- *Krippe* aktualisieren und *katechetisch* begleiten.
- *Besuch besonders reicher und schöner Krippen* in der Umgebung (*Kripperlroas*) oder auch entfernterer bekannter Orte: Basilika in Mariazell, St. Michael in Salzburg, Ebensee im Salzkammergut, der Wallfahrtsort Christkindl in Steyr oder die Pöttmesserkrippe mit ihren 778 Figuren und 453 Tieren auf zwölf Metern. Aguntum bei Lienz (Osttirol) ist Schauplatz der wohl größten Krippe der Welt, bis zu drei Meter hoch sind ihre Figuren. Traditionsreich sind die Krippen in Südtirol, besonders schön in Eppan an der Weinstraße. Besonders schöne Krippen hat übrigens auch Rom.
- *Weihe des Dreikönigwassers* in nur wenigen Kirchen: Das Besondere ist das über eine Stunde dauernde Weihegebet, mit Psalmen und Exorzismus. Im

gläubigen Nehmen dieses Wassers wird das Gebet der Kirche wirksam. Wer dieses „hochgeweihte Wasser" entdeckt hat, nimmt an der Weihe teil oder „holt sich Dreikönigwasser" für entsprechende Anlässe.

■ Ein letztes Mal *Anzünden der Kerzen am Christbaumes* und ein letztes Mal Stille Nacht.

FEST DER TAUFE JESU, 1. SONNTAG NACH DREIKÖNIG

■ Rom, Sixtinische Kapelle (via Fernsehen): Der *Papst tauft* mehrere Neugeborene, das könnte Anregung für Pfarren sein. Eindrucksvoll: schlichte, weiße, einen Meter hohe Kerzen, die bis zum Tod reichen sollen!

■ *Tauferneuerung* in Kirche und Familie.

■ *Wunderbare Liturgie* und *Dem Herrn sei Dank*, ich bin getauft, GL 930).

KONTRASTKULTUR: ES BLEIBT LICHT!

Krippe, Christbäume und Lichtgirlanden bleiben bis 2. Februar. Auch hier wird die christliche Kontrastkultur sichtbar und wirksam. Mit der Faschingsdekoration zu Hause erst nach dem 2. Februar beginnen.

Es folgen einige Grüne Sonntage bis zum Aschermittwoch

Eigene Gebete, Hymnen und Lieder dieser Zeit

Der du die Zeit in Händen hast, GL 157
Lobpreiset all zu dieser Zeit, GL 158

SILVESTERABEND IN DER FAMILIE

Gott für Vorsehung und Wohltaten des vergangenen Jahres in freien Worten danken und gemeinsam festlich schließen mit:
Engel des Herrn.

MITTERNACHT IN DER FAMILIE

Beim Glockengeläut wollen wir Gott zuerst die Ehre geben, wir beten oder singen. Wie die Weltkirche so die Hauskirche. Das Te Deum ist das offizielle Abschlussgebet des Papstes:

■ Te Deum (GL 706; Kompendium des KKK S. 222) oder das Gloria (GL 354)

■ Vater Unser

■ Hingabe an die Vorsehung Gottes für das neue Jahr mit dem Gebet:

V: Lasset uns beten.

Wie tröstlich ist es, bester Vater,
dass du meinen (unseren) Kalender für das kommende Jahr
schon längst und auf das genaueste gemacht hast.
So überlasse ich mich (wir uns) ganz deiner gütigen Vorsehung.
Wir wollen nur die eine Sorge haben,
deinen väterlichen Willen zu erkennen und zu erfüllen.

NEUJAHRSTAG:
Wir bitten um Segen für das Neue Jahr:

Gott sei uns gnädig und segne uns!
Er lasse sein Angesicht über uns leuchten,
dass man auf Erden seinen Weg erkenne,
unter allen Völkern sein Heil.

Die Nationen sollen sich freuen und jubeln!
Denn du richtest den Erdkreis gerecht.
Du richtest die Völker nach Recht
und regierst die Nationen auf Erden.

Die Völker sollen dir danken o Gott,
danken sollen dir die Völker alle!
Es segne uns Gott!
Alle Welt fürchte und ehre ihn!

Ehre sei dem Vater, dem Sohn und dem Heiligen Geist,
wie es war im Anfang, so auch jetzt und in Ewigkeit.
Amen. PSALM 67 UND VGL. NUM 6, 22-27

REZEPT FÜR KÖNIGSKRONEN
Germteig: 50 dag Mehl, ca. ¼ l Milch, 6 dag Zucker, 8 dag Butter, 2 Dotter, 2
dag Germ, 5 dag Rosinen; 1 Ei zum Bestreichen, kandierte Früchte als Edelsteine.
Zubereitung: Germ in Form eines Dampferls ansetzen. Ist es aufgegangen, schüt-
tet man es zum erwärmten Mehl; dann die übrigen Zutaten beifügen und den
Teig gut durchschlagen. Teig an warmem Ort aufgehen lassen, dann weiterverar-
beiten. Kronen ausstechen oder schneiden.

Der Große Weihnachtsfestkreis

6 Der Große Weihnachtsfestkreis

DER GROSSE WEIHNACHTSFESTKREIS IM KIRCHENJAHR

Der *Große Weihnachtsfestkreis* dauert *vierzig* Tage, von *Weihnacht* bis *Darstellung des Herrn* am 2. Februar. Die biblische Zahl *vierzig* taucht im Alten und Neuen Testament oft auf: 40 Jahre Wüstenwanderung der Israeliten, 40 Tage fastete Jesus in der Wüste, 40 Tage sind es von der Auferstehung Jesu bis zur Himmelfahrt.

Darstellung des Herrn wird in Jerusalem seit Anfang des fünften Jhdts. „mit gleicher Freude gefeiert wie Ostern", berichtet die Pilgerin Aetheria. In Rom wurde das Fest um 650 eingeführt. Der Inhalt ist vom Evangelium her gegeben und wird von Lukas 2, 22-40 berichtet.

Im Osten wurde es als „Fest der Begegnung des Herrn" verstanden: der Messias kommt in seinen Tempel und begegnet dem Gottesvolk des Alten Bundes, vertreten durch Simeon und Hanna.

Im Westen wurde es mehr ein Marienfest: Reinigung Marias nach dem jüdischen Gesetz am vierzigsten Tag (Lev 12). Sinngehalt und Datum von Maria Lichtmess sind bewusst auf Weihnachten bezogen. Das Lichtmotiv bleibt erhalten.

DARSTELLUNG DES HERRN ODER MARIA LICHTMESS, 2. FEBRUAR

Das Spezifische vom 2. Februar ist gerade im Wort des Simeon von Jesus zu sehen, der „das Licht ist, das die Heiden erleuchtet und Herrlichkeit für sein Volk Israel ist" (Lk 2, 32).

Licht und Katechese

Das Licht gehört zu den kostbarsten Gütern der Erde, sein irdischer Träger ist das Feuer. Nach der alten Mythologie war es den Göttern vorbehalten, bis Prometheus es freventlich raubte. Mit der Erfindung des Feuers ist die Kulturgeschichte der Menschheit eng verbunden. Wir ahnen, welche Bedeutung die Erfindung der Kerze hatte, die sich vom Wachs der Bienen nährte.

Kerzen sind aus der Liturgie und der häuslichen Feier nicht wegzudenken. Der Gebrauch von Lichtern in der Liturgie ist so alt wie die Liturgie selbst, die man ja vorwiegend am Abend feierte. Auch in den Katakomben waren Lichter notwendig. Seit dem elften Jhdt. ist es Sitte, die Kerzen auf den Altar zu stellen. Das Licht ist ein uraltes Christussymbol; gleichzeitig waren im „schmelzenden Wachs" auch die Christen symbolisiert, die sich ganz der Flamme hingaben, damit sie brennen könne für diese Welt. Das Symbol der Kerze wird an zwei Festen besonders deutlich:

In der Osternacht, wo die Osterkerze mit dem Ruf „Lumen Christi"- Licht Christi - in die nachtdunkle Kirche getragen wird; am Fest Darstellung des Herrn, wo Er als Licht, das die Heiden erleuchtet, bezeugt wird.

Kerzenweihe und Lichterprozession

kamen erst später dazu. Seit der Liturgiereform von 1960 wird Maria Lichtmess *(Marienfest)* auch in der römischen Kirche wieder als Herrenfest gefeiert. Es bildet den Abschluss des Großen Weihnachtsfestkreises. Mit einer Kerze im Advent hat der Weihnachtsfestkreis begonnen, ein Lichterbaum war der Höhepunkt, am Ende werden noch einmal viele Kerzen brennen. Dann wächst der Tag schnell, zu Maria Lichtmess bereits um eine Stunde.

Wichtigster Ritus des Festes ist die Weihe der Kerzen, Urgrund dafür ist das Wort des greisen Simeon: „Ein Licht, das die Heiden erleuchtet und Herrlichkeit für dein Volk Israel …".

Alle liturgischen Kerzen für das ganze Kirchenjahr werden geweiht, oft findet eine Lichterprozession statt. Auch die Gläubigen tragen brennende Kerzen.

Der Priester segnet + die Kerzen und betet: (+ bedeutet Segnungsgeste)

Lasset uns beten.
Gott, du Quell und Ursprung allen Lichtes,
Du hast am heutigen Tag dem greisen Simeon Christus geoffenbart
als das Licht zur Erleuchtung der Heiden.
Segne + diese Kerzen,
die wir in unseren Händen tragen und zu deinem Lob entzünden.
Führe uns auf dem Weg des Glaubens und der Liebe
zu jenem Licht, das nie erlöschen wird.
Darum bitten wir durch Christus, unseren Herrn. Amen.

Es folgt der Lobgesang des Simeon (siehe Wochentags-Schott).

HL. AGNES, 21. JANUAR

Ein schönes Fest in Rom: Das Domkapitel der Lateranbasilika überreicht jedes Jahr dem Papst im Apostolischen Palast zwei junge Lämmer. Der Papst segnet die sogenannten *Agnes-Lämmer*. Agnus oder Agnus bedeutet Lamm, uns bekannt durch *Agnus Dei*, dem *Lamm Gottes* in der heiligen Messe. Aus der Wolle der Agnes-Lämmer wird von Schwestern das **Pallium▸** gewebt. Die Pallien werden und in die Pallium-Nische▸ an der **Konfessio▸** gelegt (Berührungsreliquie). Die Erzbischöfe erhalten dieses Stola und tragen sie über dem Messgewand als Zeichen der Metropolitanwürde und ihrer besonderen Verbundenheit mit dem Stuhl Petri. Der Papst überreicht sie den im Vorjahr neu ernannten Erzbischöfen traditionell am römischen Patroziniumsfest Peter und Paul, 29. Juni.

DER GROSSE WEIHNACHTSFESTKREIS IN DER HAUSKIRCHE

Dreikönig ist vorbei, am nächsten Tag beginnt die Schule, „draußen" es geht abrupt weiter und Weihnachten mit seiner Atmosphäre scheint schnell ganz weit weg. Persönlich liebe ich es, nach Arbeit und Schule abends heimzukommen und einzutauchen in den warmen Schein des Christbaums (mit seinen elektrischen Kerzen kann er den ganzen Abend brennen): Es ist noch Weihnachtszeit, lassen wir uns das nicht nehmen! Noch zehren wir von weihnachtlichen Köstlichkeiten, als letztes bleibt uns der Lebkuchen, auch dafür gibt es einen Stichtag:

FABIAN UND SEBASTIAN, 20. JANUAR

Kehraus für die Weihnachtsbäckerei und Einzug der Faschingskrapfen: „Fabian und Sebastian, brechen den letzten Lebkuchen an". Dieser Fabian-Lebkuchen wird beim Backen schon bedacht und liegt als besonders großer zuunterst aller Bäckereien in der Dose. Erst ab jetzt kommen die Faschingskrapfen ins Haus.

DARSTELLUNG DES HERRN ODER MARIA LICHTMESS

Ein bedeutsames und schönes Fest, das in Kirche, Haus und Dienstbotenverhältnis eine große Tradition hat.

- Hausaltar: Liturgische Farbe ist Gold, steht für Reinheit und Freude.
- Die Krippe ist nun „komplett", Zeit zum *gemeinsamen Wegräumen*!
- Gemeinsames Stundengebet in der Familie (Vesper – Laudes): Tageslesungen sind Mal 3, 1-4; Ps 24; Hebr 2, 14-18; Luk 2, 22-40.
- Wenigstens ein Familienglied soll, stellvertretend für die anderen, zur Kerzenmesse gehen und die Kerzen für das ganze Jahr weihen lassen:

Adventkerzen und *Osterkerze* haben je ihre eigenen Weihen

- Ein letztes Mal brennen in der dunklen Kirche die Kerzen der Christbäume, zusammen mit den Kerzen in den Händen auf. Mit Jesus, Licht der Welt, schreiten wir ins fortgeschrittene Jahr hinein.
- Lichtmess hat ein eigenes Lied: Nun Brüder sind wir frohgemut, GL 841
- Wir nehmen im Weihekorb alle für das kommende Jahr voraussichtlich benötigten Kerzen mit. Damit wird wieder eine Brücke zwischen Kirche und Hauskirche geschlagen.
- Ein traditionelles Abendessen, in Erinnerung an Weihnachten, wäre sinnvoll.

Maria Lichtmess und Ostern haben eine Lichterprozession

Die Weihe aller Kerzen, die im Lauf des Jahres auf den Altären und im christlichen Haus brennen, ist dem Lichtmesstag vorbehalten. So wird ihm besondere Würde verliehen, die dem gläubigen Volk nicht immer bewusst ist.

Früher hielt das Volk große Stücke auf die *Lichtmesskerze*. Es durfte kein Haus geben, in dem sie nicht für Nöte und Wechselfälle des Lebens bereitgehalten wurde. Ihre feierliche Segnung und das gewaltige Weihegebet, das Unheil abwehrt, bewirken diesen Wert. Wenn etwa das Gewitter drohend seine unheimlichen Schatten in die Stube warf, brannte die Kerze tröstlich am Tisch und ihr Schein wehrte wirksam Blitz vom Haus und Hagel vom Acker. Bei der Geburt eines Kindes leuchtete sie segnend und wenn ein Mensch sich anschickte, heimzugehen, wies sie ihm hell und klar den Weg in die Ewigkeit. Das Lichtfest passt gut zum erwachenden Leben in der Natur, zum Wendepunkt des Jahreslaufes.

Welche Ereignisse, Gegenstände und Besitz sollen wir heute mit dem Lichtmess-Weihegebet der Kerzen bedenken? Geburt, Tod, Hochzeit sind und bleiben Ereignisse der Lebenswende. Wir sollten unsere Weihe ausdehnen auf die heute doch sehr wichtigen Dinge wie den Computer, er ist heute fast existenziell. Deshalb wird der PC bei den Hausweihen heute besonders mit einbezogen, mit Weihwasser, Weihrauch und Gebet.

Wie sind geweihte Dinge *anders?* Sie sind durch die Weihe der säkularen Verwendung entzogen und für den Kult ausgespart. Ihre Weihe und Kraft hängen vom Segensgebet ab. Bei gläubigem Gebrauch wird das Gebet der Kirche wirksam, deshalb ist es wichtig, die Segensgebete zu kennen.

Maria Lichtmess ist ein stiller Feiertag,
heute ein Werktag und in vielen Gemeinden geht dieser Tag fast unbemerkt vorüber. Doch in den Lesungen des Stundengebetes spürt der Beter den Jubel dieses Festes:

> *„Das Licht kam in die Welt und erhellte sie, die von Finsternis umfangen war.*
> *Das strahlende Licht aus der Höhe kam zu uns und leuchtete denen,*
> *die in Finsternis und Dunkel des Todes saßen.*
> *Das ist unser Mysterium, und darum schreiten wir mit Lampen einher,*
> *darum sind wir mit Lichtern herbeigeeilt, um zu zeigen,*
> *dass uns das Licht aufgeleuchtet ist, um anzudeuten,*
> *welcher Glanz von ihm auf uns übergehen wird. ...*
> *Niemand von uns bleibe ohne die Weihe dieses Lichtes,*
> *niemand, den es erfüllt, bleibe im Finstern.*
> *Voller Glanz wollen wir alle hervortreten,*
> *erleuchtet lasst uns ihm alle entgegengehen*
> *und mit dem greisen Simeon das klare und ewige Licht in Empfang nehmen.*
> *Mit ihm wollen wir im Herzen jubeln und dem Schöpfer und Vater des Lichts,*
> *der das wahre Licht gesandt, das Dunkel verscheucht*
> *und alles zum Leuchten gebracht hat, den Hymnus des Dankes singen ...".*

Übergang zum Fasching
Es ist Zeit, Weihnachten endgültig abzuschließen. Der Fasching ist in vollem Gang und geht auf den Höhepunkt zu. Der Fasching ist zwar keine Zeit im Kirchenjahr, aber doch Teil eines ganz und gar katholischen Lebensstils.

Fasching
– (k)eine Zeit im Kirchenjahr?

- Fasching und Kirchenjahr
- Sinn und Geschichte des Karnevals
- Sinn der Verkleidung
- Pastorale Aspekte des Faschings
- Fasching in der Familie

7 **Fasching** – (k)eine Zeit im Kirchenjahr?

FASCHING
– (K)EINE ZEIT IM KIRCHENJAHR?

Der Fasching – Fastnacht oder Karneval – liegt in der sogenannten „grünen Zeit". Wenn liturgisch deklariert, dann als „Vorfastenzeit", denn der Karneval ist abhängig von der Fastenzeit. Fasching ist ein Schwellenfest, die „fünfte" Jahreszeit, wie die Rheinländer gerne sagen. Fasching ist eine Kultur des Kontrastes und steht der modernen Formlosigkeit entgegen, die „jederzeit alles genießen will, Hauptsache spontan!" Der Traditionsbruch hat uns beschert, dass wir nicht mehr echt genießen können: Fasching und Fastenzeit, Werktag und Sonntag, das ganze Jahr wird zum Eintopf. Diese Einebnung ist ein großer Kulturverlust, denn, was man immer hat, wird wertlos.

GESCHICHTE DES FASCHINGS

Früher hieß diese Zeit Vor-Fastenzeit, das „Vor" bezog sich nicht nur auf Fastenzeit, sondern auch auf Ostern. Die „Vorfastenzeit" schloss vor der Liturgiereform (bis 1964) an die Weihnachtszeit an, die Vorfastenzeit und Fastenzeit dauerte insgesamt neun Wochen. Die Sonntage waren nummeriert, ihre Namen waren: Septuagesima, so hieß der erste Sonntag, dann Sexagesima, Quinquegesima, das ist der heutige Fastnachts- oder Faschingsonntag. Der Fasching oder Karneval dauerte nur sechs Tage, von Donnerstag bis Aschermittwoch.

Vom „schmutzigen Donnerstag" bis zum „Faschingdienstag" tobte, wo es ihn gab, der Karneval. Der „unsinnige" oder „fette Donnerstag" („fette" Fleischspeisen) war der „Weiberdonnerstag". Am Freitag wurde – in Erinnerung an das Todesleiden Jesu – nicht einmal im Fasching gefeiert. Der Samstag war dann Auftakt zum Faschingsonntag, der mit dem Rosenmontag und Faschingdienstag zu den drei tollen Tagen zählte. Heute beginnt der Fasching bereits nach Maria Lichtmess.

Was heißt Karneval?

Karneval, zusammengesetzt aus Carne = Fleisch und vale = Befehlsform von „gehen". Frei übersetzt: Fleisch, geh weg! Fleisch war Inbegriff von Kraft, Wohlstand und es sich gut gehen lassen. Fasten hieß demnach in erster Linie, auf Fleisch verzichten. In vielen Familien gab es früher Fleisch nur an bestimmten, wenigen Tagen: Sonntag, Dienstag und Donnerstag. Fleisch war teuer und daher etwas besonderes.

Vom Sinn des Karnevals

Der ursprüngliche Sinn des Faschings ist eigentlich ein religiöser und ohne nachfolgende Fastenzeit gäbe der Fasching keinen Sinn. Narretei und Ausgelassenheit gehen sinnvollerweise der Bußzeit voraus, die dann umso mehr als geistliche Zeit erlebt werden soll. Deshalb wird vor allem in den traditionell katholischen Ländern der Fasching gebührend gefeiert, in Österreich und den deutschsprachigen Ländern, besonders in Köln! gibt es Hochburgen des Karnevals, auch in Monte Carlo, Rio de Janeiro, New Orleans, Nizza, Salvador de Bahia, Teneriffa, Venedig und Viareggio.

Vom Sinn der Verkleidung

Verkleidung, Fastnachtsgruß und Spottlust sind Symbole für ein Eintauchen in eine „verkehrte" Welt und bieten die Möglichkeit, für kurze Zeit in eine andere Rolle zu schlüpfen. Das Verkleiden erlaubt spielerisch, eine andere Identität anzunehmen. Das Gesicht verdeckt durch Larve oder Maske, (Thema in Oper und Operette, wie Don Giovanni, Fledermaus ...) darf der Narr „alles" sagen.

Von Narren, Schellen und Glöckchen als Sinnbilder

Um unerkannt zu bleiben, schlüpft der Mensch in ein Kostüm: Eselohrenkappe, Narrenzepter und klingende Schellen. In der Lesung am Karnevalsonntag, im Hohelied der Liebe, 1 Kor 13, werden Narren mit klingenden Schellen verglichen: Und wenn ich alles könnte, wäre usw. „hätte aber die Liebe nicht, wäre ich dröhnendes Erz oder eine lärmende Pauke".

Der König der Masken ist der Narr, die Wortbedeutung ist nicht ganz geklärt. Die Narren luden sich selbst bei Festen als Spaßmacher ein, um „einmal ungeschminkt die Wahrheit sagen zu können". Der Narr kann Stärken und Schwächen ansprechen. Sobald Narrenfreiheit und Narrenrecht gelten, darf der Narr, von allen Zwängen befreit, tun und lassen, was ihm beliebt. Ausgenutzt wird dieses Recht bei Büttenreden.

Der volkstümliche Sinn des Narren lautet etwa: Nimm dich und alles drum herum nicht tierisch ernst und wichtig! Geh einmal über den Friedhof, er erinnert dich, wie „wichtig" jede VIP ist.

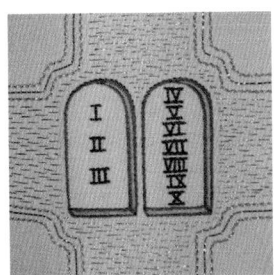

Warum die Zahl „11"?

Eine wenig bekannte Zahlensymbolik hat den modernen Beginn der Narrenherrschaft auf den 11.11. vorverlegt. Die „Elf" galt als eitle Zahl. Ein Narr ist, wer die „Zehn Gebote" übertritt.

BIBLISCHE UND PASTORALE AKZENTE DES FASCHINGS

Bis zum II. Vatikanischen Konzil hatte der Faschingsonntag folgende Lesungen:
- ▨ Lesung: Hohelied der *Liebe*: 1 Kor 13, 1-13
- ▨ Ps 53, 2;
- ▨ Evangelium: Jesus ging von Jericho nach Jerusalem: Lk 10, 25-37

Lesung und Evangelium handeln von der Liebe und hatten folgenden Zusammenhang:

Ein Narr ist, *wer nicht liebt*; Narr, wer Gott leugnet, den Menschen an dessen Stelle setzt und ihn zum Maß aller Dinge macht. Ein Narr ist, wer seine Hoffnung bloß auf irdische Güter setzt (Lk 12, 20). Der „alte Mensch" ist ein Narr, ist unerlöst. Weise ist der „neue Mensch in Christus".

Die Predigten am Faschingsonntag waren also nicht „Faschingpredigten", sondern Warnung vor ausschließlicher Diesseitsorientierung und Fehlen von Gottes- und Nächstenliebe. Dagegen gesetzt wurde Umkehr, Metanoia, Aufruf zur Umkehr, zu einem Leben im Glauben, das sich an Gottes Geboten ausrichtet und als letztes Ziel die Ewigkeit vor Augen hat.

Der Jüdische Festkalender feiert Purim

Dieses Fest fällt ins zeitige Frühjahr und geht auf das Buch Esther zurück. König Haman wollte die Juden umbringen, Esther erwirkte die Zurücknahme des Befehls zur Vernichtung. Den Juden wurde erlaubt, sich zu verkleiden und Rache zu nehmen. Ein Fasttag geht voraus, gefeiert wird nur ein *einziger Tag*, mit Verkleidung (Masken) und tatsächlich übermäßigem Alkoholkonsum.

FASCHING IN DER HAUSKIRCHE

Die Kontrastkultur von Fasching und Fasten soll auch zu Hause erlebt werden. *Alles* hat *seine* Zeit, dieses Lebensgesetz ist einfach gesund, fördert die gefestigte Person, gibt Möglichkeit zum Trainieren der Tugenden und erhöht eindeutig den Genuss. Das lehrt uns die ganz normale Lebenserfahrung: Was jederzeit zur Verfügung steht, rutscht unbemerkt in die Bedeutungslosigkeit! Es gibt viele Möglichkeiten, den Fasching auf gute Weise auszuleben.

EINIGE ANREGUNGEN ZUM ÜBERLEGEN

- ▨ Das heitere Lebensgefühl des Faschings genießen: Freude und Lust, nichts ist tierisch ernst! Sich möglichst frei halten von diversen Knechtschaften!

- **Faschingskrapfen** sind das Gebildebrot ab 20. Januar („Fabian und Sebastian brechen den letzten Lebkuchen an"). Dann erst gibt es Faschingskrapfen.
- Liturgischer Faschingsbeginn ab Maria Lichtmess; Bälle beginnen in der Regel schon nach Weihnachten, gut so! „Ein Ball im Fasching ist Mindestprogramm!"
- Wohnung dekorieren und jeden Tag „eintauchen" in diese Atmosphäre, am Faschingdienstag „gemeinsam" wegräumen und die Schwelle zur neuen Zeit überschreiten.
- Familienfeste und ähnliche Einladungen jetzt beginnen (statt im Advent und Fastenzeit). Kreativität fördern: Gäste können als Geschenk Faschingeinlagen mitbringen (Tänze, Lieder, Büttenreden). Notizen für Büttenreden das ganze Jahr über sammeln! Kostümpflicht und Prämierung des besten Narren.
- Im alpenländischen Raum gibt es die sogenannten „Roasn": informelle Besuche, Geselligkeit, Singen, Tanz und Musik.
- Passendes Fernsehprogramm durchaus einbeziehen.
- Umkehren der Herrschafts- und Autoritätsverhältnisse: Der Jüngste der Familie ist einen Tag lang das „Familienoberhaupt". Mancher „König" wird schon mit der schwarzen Bohne des Dreikönigkuchens gewählt und übt seine Herrschaft auch im Fasching aus.

HÖHEPUNKT DES FASCHINGTREIBENS

Das Faschingwochenende soll, soweit es geht, freigehalten werden von beruflichen und sonstigen Verpflichtungen, um die tolle Zeit auszuleben. Mancherorts ist der Sonntag inoffizieller Abschluss des Faschings, Montag und Dienstag sind wie eine Pufferzone, wo die Bestände von Süßigkeiten, Alkohol, Fleisch usw. noch aufgebraucht werden, um am Aschermittwoch die Fastenzeit beginnen zu können. Für viele andere sind Montag und Dienstag noch absolute Höhepunkte des Treibens. Es braucht ein bisschen Organisation, um für die letzten Tage zwar eine großzügige Küche walten zu lassen und doch Alkohol, Süßigkeiten und alles, worauf wir in der Fastenzeit verzichten wollen, aufzubrauchen.

FASCHINGDIENSTAG – ABSCHLUSS UND ÜBERTRITT

- Traditioneller Heringschmaus heute, nicht am Aschermittwoch!
- Am Abend das „letzte" Glas Wein, die letzte Schokolade, letzte Zigarette.
- Gemeinsames Abräumen der Dekorationen, damit alle den Abschluss „miterleben".

- Gemeinsames Einsammeln und Verbrennen der geweihten Zweige für die Aschenweihe: Palmbuschen, Fronleichnamsbirke, Kräuterbuschen.
- Die gemeinsamen Vorsätze der Fastenzeit besprechen und erneuern.
- Hausaltar bereiten: violette Bänder und Stundenbuch für Fastenzeit.
- Häusliche Liturgie: Einleitung zur Fastenzeit im Stundenbuch.
- Beichte vorbereiten rund um Aschermittwoch.
- Dann in die neue Zeit, die Fastenzeit, eintreten.

Fasching-Gesichter aus Germteig

Rezept für Germteig: 50 dag Mehl, ca. ¼ l Milch, 6 dag Zucker, 8 dag Butter, 2 Dotter, 2 dag Germ, 5 dag Rosinen; 1 Ei zum Bestreichen, kandierte Früchte als Edelsteine.

Zubereitung: Germ in Form eines Dampferls ansetzen. Ist es aufgegangen, schüttet man es zum erwärmten Mehl; dann die übrigen Zutaten beifügen und den Teig gut durchschlagen. Teig an warmem Ort aufgehen lassen, anschließend weiterverarbeiten. Runde Gesichter ausstechen und mit Orangeat, Zitronat, Nüssen und Herzkirschen verzieren.

Aschermittwoch und Österliche Bußzeit

8 Aschermittwoch und Österliche Bußzeit

DIE FASTENZEIT IM KIRCHENJAHR

Mit dem Aschermittwoch beginnt die vierzigtägige Bußzeit zur Vorbereitung auf das Osterfest. Die biblische Zahl *vierzig* hat Tradition (**Zahlensymbolik▸**): Vierzig Jahre wanderte das Volk des Alten Bundes durch die Wüste, um das Land der Verheißung geläutert zu betreten. Vierzig Tage verbrachte Mose auf dem Berg, um die Gebote Gottes entgegenzunehmen. Vierzig Tage fastete Jesus in der Wüste, widerstand dem Versucher und verkündete dann die Botschaft vom Reich Gottes. So bereiten auch wir uns alljährlich vierzig Tage vor auf die große Osterfeier, um Tod und Auferstehung des Herrn würdig zu feiern.

JAHRESEXERZITIEN DES VOLKES GOTTES

Ein heller, starker Ton durchzieht die Fastenspiritualität, Vorfrühlingsstimmung kündet die Kirche. Die Fastenzeit, auch *Österliche Bußzeit* genannt, dient dem Volk Gottes als Jahresexerzitien: Buße, aber nicht Trauer, vielmehr Aufbruch und Frühling, wo sich der Mensch erneuert, wie die Natur im Frühling. Erneuerung bedeutet Versöhnung des Menschen mit Gott und Vorbereitung auf die Tauferneuerung in der Osternacht. Das Messbuch der Kirche (**Schott▸**) und das Stundenbuch der Fastenzeit sind unerlässliche Wegbegleiter durch die österliche Bußzeit, denn die Liturgie ist Lehrmeisterin im Glauben. Sie führt uns in richtiger Weise durch die heiligen vierzig Tage zum Ostermorgen. Jeden Tag heißt es im Stundengebet der Kirche:

Hymnus der Laudes (Morgengebet)
Es kommt der Tag, dein Tag erscheint,
da alles neu in Blüte steht;
Der Tag, der unsere Freude ist,
der Tag, der uns mit dir versöhnt.

Hymnus der Vesper (Abendgebet)

Jetzt soll sich unser ganzes Herz
durch Fasten und Gebet erneun'
und durch Entsagung werde stark,
was müde ist und schwach und krank.

„Fasten" gibt dieser Zeit den Namen

„Fasten ist körperlich und seelisch heilsam, aber es muss freiwillig sein. Erzwungenes Fasten kann sogar unheilvoll sein. Im Hinblick auf das 40-tägige Fasten Jesu spricht er vom höchsten Motive, dessen Vorgang im Organismus: „Zuerst wird nur der Mangel gefühlt. Dann verschwindet das Verlangen nach Nahrung und es kommt je nach Kraft und Reinheit der betreffenden Natur durch eine lange Reihe von Tagen nicht wieder. Wenn der Körper keine Nahrung erhält, zehrt er von seinem eigenen Bestand. Sobald aber diese Selbstverbrennung an die wichtigen Organe greift, erwacht ein wilder, elementarer Hunger und dann geht es um das Leben. Zugleich geht beim Fasten etwas Innerliches vor sich. Der Körper wird gleichsam aufgelockert. Der Geist wird freier. Alles löst sich, wird leichter. Last und Hemmung der Schwere werden weniger empfunden. Die Grenzen der Wirklichkeit kommen in Bewegung. Der Raum der Möglichkeiten wird weiter. Der Geist wird fühlender. Das Gewissen wird hellsichtiger, feiner, mächtiger. Das Gefühl für geistige Entscheidung wächst. Die Schutzvorrichtung der natürlichen Lebendigkeit, die den Menschen gegen das Verborgene und Gefährliche des Daseins, gegen die bedrohende Nähe dessen decken, was unter oder über oder neben dem menschlichen Dasein ist, lockern sich. Das Innere steht gleichsam hüllenlos den anderen Mächten offen. Es wächst das Bewusstsein der geistigen Macht und die Gefahr, das Maß des Zugewiesenen, die Grenzen des eigenen, endlichen Seins, seiner Würde und seines Vermögens nicht mehr klar zu sehen, wird dringlich die Gefahr der Überheblichkeit, der Magie, des Abhebens im Geiste. Wenn es ein religiös sehr begabter Mensch ist, der das alles durchmacht, in denen der Geist von äußerste Entscheidungen in große Gefahren gelangt",

R. GUARDINI, DER HERR, VERLAG HERDER.

DIE SECHS SONNTAGE DER FASTENZEIT

Die Alttestamentlichen Lesungen der Sonntage geben einen Überblick der Heilsgeschichte: Schöpfung, Erwählung und Führung des Gottesvolkes und die Ankündigung des Heils durch die Propheten. Die Sonntage sind nicht bloß nummeriert, sie haben auch Namen, quasi ein Programm. Die Namen der Sonntage entstammen der Liturgie, meist dem **Eröffnungsvers**, weshalb der Sonntags-

Schott unerlässlich ist. *Lesungen* und *Tagesgebete* sind *Wanderkarten* nach Ostern. Die Sonntage werden benannt nach dem **Eröffnungsvers**⯈:

1. Sonntag – Invocabit me: Er ruft mich an
Geprägt vom Evangelium der Versuchung Jesu. An diesem Sonntag meldete früher der Taufpate seinen Täufling zur Taufe in der Osternacht an. In Verfolgungszeiten bedeutete das durchaus Lebensgefahr.

2. Sonntag – Reminiscere: Denk an deine Güte
Geprägt vom Evangelium der Verklärung Jesu, es spricht von **Taborfreude**⯈ schon in dieser Welt. Die Kirche erinnert und ermutigt in ihrem Fasten an die Verklärung Christi.

3. Sonntag – Oculi: Meine Augen schauen stets auf den Herrn
Andeutung der Taufe in drei großen Bildern des Johannesevangeliums. Zur Frau am Jakobsbrunnen sagt Jesus: „Ich bin es!" Müde und durstig kam Jesus zum Brunnen und versprach lebendiges Wasser, zum Erstaunen der Frau und zum Staunen der Welt bis heute.

4. Sonntag – Laetare Jerusalem: Freue dich, Stadt Jerusalems
Mittzeit der Fastenzeit, dieser Sonntag spielt eine eigene Rolle, es leuchtet Ostern auf! Laetare hat die liturgische Farbe Rosa. **Fastenbrechen**⯈ – sogar die Orgel darf spielen.

Sonntag Laetare oder auch Rosen-Sonntag
Nicht zu verwechseln mit Rosen-Montag! Noch heute beschenken sich mancherorts die Leute mit Rosen, woher kommt das? Das kirchliche und namengebende Ereignis des Rosen-Sonntags geht auf einen Brauch in Rom zurück. An diesem Sonntag tritt der Papst mit einer geweihten goldenen Rose vor die Gläubigen. Er weist damit hin auf die nahe Passions- und Osterzeit, denn die Rose ist typologisch das Doppelsymbol Christi: Dornen stehen für die Passion, die Rose aus Gold für die Auferstehung Christi.

5. Sonntag, 1. Passionssonntag – Judica: Schaffe Recht mir Gott
Er stellt uns das Leiden Christi vor Augen, den Schmerzensmann Jesu. Die Kreuze werden mit dunklen, tief violetten Tüchern verhüllt: Jesus verbarg sich in seiner Gottheit, bevor er als König in Jerusalem einritt und wenige Tage später gehasst und getötet wurde.

6. Palmsonntag, 2. Passionssonntag
– Leidensgeschichte Jesu bis zu seiner Beisetzung

Der Sonntag hat seinen Namen von den Palmzweigen, Jesus wurde von den Hebräern damit begrüßt und mit dem Ruf: Hosanna dem Sohne Davids! Mit Palmen in den Händen zog ihm das Volk entgegen. Auch wir tun das. Die Gemeinde zieht in festlicher Schar zum Gotteshaus, mit Palmzweigen in den Händen, die, weil gesegnet, nach Hause mitgenommen und aufgesteckt werden. Sie sollen uns an das von Christus geschenkte neue Leben erinnern. In der Eucharistie feiern wir Verurteilung, Verhör, Prozess und das Sterben Jesu am Kreuz, gemäß der Leidensgeschichte.

Der Palmsonntag eröffnet die Heilige Woche oder Karwoche, die uns ins Herz des ganzen Kirchenjahres führt, in das Heilige Triduum: Gründonnerstag bis Karsamstag.

HOCHFEST UND FESTE IN DER FASTENZEIT leuchten auch in dieser Zeit auf, gebührend gefeiert, mit **Fastenbrechen**▸

◼ 19. März: **Heiliger Josef**, Patron der Kirche, der Arbeiter und der Sterbenden.

◼ 25. März: **Verkündigung des Herrn**. Ein Hochfest, deshalb Liturgie mit Gloria.

Genau neun Monate vor dem Fest der Geburt des Herrn wird das Fest der Verkündigung gefeiert: der Tag, an dem der Engel zu Maria gesandt wurde und ihr verkündete, dass sie zur Mutter des Messias, des Gottessohnes, erwählt war. Maria, Vertreterin ihres Volkes und der Menschheit, hat mit ihrem einfachen Ja geantwortet. Die Gottesmutterschaft ist das zentrale Geheimnis im Leben Marias. Ein Fest der „Verkündigung der Geburt des Herrn" wurde in der Ostkirche bereits um 550 am 25. März gefeiert; in Rom wurde es im siebten Jahrhundert eingeführt.

Hochfest: Selbstverständlich gehen wir zur heiligen Messe und verbringen den Tag festlich, je nach Möglichkeit.

Hauskirche: Ab heute ist die sogenannte „Weihnachtsgeschenkkiste" eröffnet.

FASTENZEIT IN DER HAUSKIRCHE
LEIDER KEIN „MITTEBRAUCH" IN DER FASTENZEIT

Der österlichen Bußzeit fehlt ein „Mittebrauch", wie wir ihn etwa in der Adventzeit mit dem Adventkranz besitzen. In Südtirol stellt man in der österlichen Bußzeit das Hauskreuz (das muss ein großes Stehkreuz sein) an einen bevorzugten Platz und schmückt es. So werden Hausbewohner und Gäste stets an den Sinn der Zeit erinnert und auf den Tod und die Herrlichkeit des Herrn hingewiesen. Vielleicht könnten Hungertücher – lange Zeit vergessen – heute wieder in Kirchen und Häusern aufgehängt werden und die Rolle des Mittebrauchs übernehmen.

H. KIRCHHOFF, CHRISTLICHES BRAUCHTUM, S. 94F

FASTEN JA, DOCH IST ES NICHT SO EINFACH!

Unfreiwillig unterbrechen wir immer wieder, wie kann es dennoch gelingen?

- In kleinen Zeiträumen, an bestimmten Tagen (Freitag) und auf bestimmte Meinung fasten.
- Grundsätzlich einfaches Essen oder einmalige Sättigung.
- Bei Unterbrechungen einfach wieder beginnen.
- Fastenwoche als Pfarre (Windischgarsten), entspricht **Quatember**▸.
- Gott bitten, er möge und helfen, fasten zu lernen.
- Kleine Opfer im Alltag: Geduld mit schwierigen Menschen; Werke der Barmherzigkeit.
- Grundsätzlich sind Sonntage **Fastenbrecher**▸. Die 40 Tage errechnen sich aus Wochentagen: Aschermittwoch bis Ostersonntag sind 40 Wochentage. Wer auch die Sonntage fastet, wird sich auf Laetare besonders freuen.

FASTEN AUCH MIT ANDEREN SINNEN

Fasten gehört zum Kult vieler Religionen, einige verpflichten darauf sehr streng. Leider ist im Christentum die allgemeine Praxis beinahe verloren, Fasten ist ins Private verdrängt. Leider, das mitreißende Beispiel ist nicht unwichtig. Fasten stärkt und das Fehlen schwächt uns alle. Andererseits ist es Mode geworden und bedarf ebenfalls der Reinigung. Hilfreich ist, konkrete Vorsätze zu fassen und kleine Schritte zu tun:

- Fasten nicht bloß beim *Essen und Trinken*, sondern fasten *mit allen Sinnen*.
- Fasten mit der Zunge: Konsequent nicht nörgeln!
- Fasten mit Augen: Kein Fernsehen, keine Auslagen, kein „shoppen"!
- Manche Eheleute fasten durch periodisch sexuelle Enthaltsamkeit.
- Fasten mit dem Geist: Ein gutes Buch lesen statt Zerstreuung suchen.
- Fasten mit den Ohren: Stille statt lauter und lustiger Musik.
- Keine lärmenden Veranstaltungen, solche Feste in den Fasching verlegen.
- Almosen: Leben, als wäre nicht selbstverständlich Geld auf dem Konto.
- Zeit zu Gebet, Betrachtung, Stille nutzen, also „geistig investieren".
- Versöhnung angehen, wo es längst fällig ist: Briefe, Besuche, Gespräche.
- Hinleben auf Tauferneuerung und Neubeginn des geistlichen Lebens.
- Einkehrtag oder Exerzitien zur frei übernommenen Verpflichtung machen.

ROMS WIEDERENTDECKUNG DER „STATIO ZUR FASTENZEIT"

Wer sich während der Fastenzeit oder Osteroktav in der Ewigen Stadt aufhält, hat die Gelegenheit, einen liturgischen Brauch kennenzulernen, der seinen Ursprung in den ersten christlichen Jahrhunderten hat: die statio. Das Wort *statio* stammt aus der römischen Soldatensprache und bedeutet so viel wie Wache oder Wachposten. Schon vor Konstantin versammelten sich die Christen Roms in bestimmten Häusern zu Gebet und feierlicher Prozession, bei der die Allerheiligenlitanei gesungen wurde. Papst Johannes Paul II. gab den Auftrag zur Wiederbelebung und Erneuerung dieser Gottesdienste. Dabei wird auch das Kreuz verehrt und mit ihm der Segen erteilt. Die Statio-Kirchen haben einen eigenen Aushang. Mehr dazu siehe: www.vatican.va

DER ASCHERMITTWOCH

- ■ Kein Fleisch, einmalige Sättigung, so die klassische Praxis (ausgenommen Alte, Kranke und Kinder).
- ■ Mitfeier der hl. Messe mit Ascheauflegung: Mancherorts bringen Familien die geweihten Zweige des Jahres (Adventkranz, Palmzweige, Birkenzweig von Fronleichnam, Kräuterbund vom 15. August), vor der Kirche verbrannt, wird die Asche geweiht.
- ■ Das *Stundengebet der Kirche* enthält eine gute Einleitung in die Fastenzeit.
- ■ Gute Beichte zu Beginn der Fastenzeit.

SPIRITUALITÄT
DER ÖSTERLICHEN BUSSZEIT

Manche alten Gebet- und Liederbücher bergen einen Gebetsschatz an spiritueller Tiefe. Zeit der Glaubensbildung anhand des Katechismus der Katholischen Kirche und Kompendium.

- ■ Sogenannten **Fastenkrug**▸ aufstellen für allerhand „Verzichtetes"
- ■ Betrachtung des Schmerzhaften Rosenkranzes
- ■ Stundengebet (Laudes und Vesper), persönlich oder als Familie
- ■ **Fastenkrippen**▸ besuchen (analog zur Weihnachtskrippe)
- ■ Kreuzwegandacht: Besonders empfohlene Kreuzweg-Betrachtungen sind jene von: Joseph Kardinal Ratzinger, Romano Guardini, Josefmaria Escriva. Persönlich, als Pfarrgemeinde, als Kinderkreuzweg, in der Kirche oder auf dem Kalvarienberg. „Ohne Organisation und den festen Vorsatz geht es nicht", erzählte eine Mutter. Sie hat die Kinder schon am Morgen erinnert, damit sie eingestimmt sind und auch planen können. Es empfiehlt sich, gleich den Kreuzweg am ersten Freitag mitzubeten, das ist ein klarer Beginn.

DER KREUZWEG IST EIN BETRACHTENDES GEBET

Es müssen nicht unbedingt mündliche Gebete sein, es genügt, wenn jeder nach seiner Fähigkeit das Leiden unseres Herrn anhand der Kreuzwegbilder betrachtet, während einer vorbetet. Meist ist es ein abwechselndes Gebet. Man kann durch den Kreuzweg täglich einen **vollkommenen Ablass**▸ gewinnen und wer auch noch würdig die hl. Kommunion empfängt, gewinnt einen weiteren dazu.

HAUSALTAR IN DER FASTENZEIT

- Herbe Schlichtheit, weder Blumen noch Tuch.
- Liturgische Farbe *Violett* für Buße und Umkehr
- Sonntag Laetare – Liturgische Farbe Rosa

EFFEKTIVER ZEITPLAN FÜR FRÜHJAHRSPUTZ

Um den Frühjahrsputz vor der Karwoche zu schaffen, ist ein System hilfreich: Mit dem Putzplan ab Anfang der Fastenzeit beginnen, um sich durch Wohnung und Haus durchzuarbeiten. Alles, was möglich ist, lieber zu früh, als zu spät machen. Alle Außenstände frühzeitig erledigen: Friseur, Winterreifen wechseln usw.

GEBILDEBROTE DER FASTENZEIT

Die Bäcker bieten ab Aschermittwoch Salzbrezeln oder -kringel an.
Es empfiehlt sich für uns „Sattbürger" das normale, trockene Brot.

TAGE MIT BESONDEREM BRAUCHTUM

Vierter Fastensonntag – Laetare

- Liturgische Farbe ist **Rosa**▸: Ostern ist nahe! Freuet euch!
- **Fastenbrechen**▸: Wer konsequent fastet, freut sich am Glas Wein!
- **Laetarestrauch**▸ als Tischschmuck: noch blattlose Zweige (Buche) mit *rosa Blüten* (Seidenpapier), *süße Brezeln* (Mürbteig) mit (rosa) Bändern aufgehängt.
- Zeit, die Osterkerze zu verzieren; auch geeignet als Geschenk
- Zeit für die Osterpost

FÜNFTER SONNTAG – 1. PASSIONSSONNTAG

Kreuzverhüllung mit violettem Tuch bis Palmsonntag.
Gemäß den biblischen Berichten verbarg sich Jesus, bevor er als König in Jerusalem einritt.

Palmsonntag und die Heilige Woche

9 **Palmsonntag** und die Heilige Woche

DIE HEILIGE WOCHE ODER KARWOCHE IM KIRCHENJAHR

Das Wort „kar" bedeutet Wehklage, Trauer oder Kummer, Karwoche oder Leidenswoche Christi. Acht Tage vor dem Osterfest ritt Jesus auf einem Esel willkommen in Jerusalem ein. Wenige Tage später wurde er gehasst, getötet und musste am Kreuz sterben. Mit dem Palmsonntag beginnt die Heilige Woche Sie ist jedoch mehr als Trauerwoche, denn das Kreuz ist das Siegeszeichen geworden. Wir feiern in der Liturgie den großen Sieg Christi über Sünde und Tod, wie der Palmsonntag mit dem feierlichen Einzug des Herrn ihn eigentlich richtig als König zeigt. Mit der Abendmesse am Gründonnerstag beginnt das österliche Triduum und schließt Karfreitag und Karsamstag mit ein. Wir feiern das Leiden, Sterben und die Grabesruhe Jesu. Der Höhepunkt ist die Auferstehung Christi am frühen Morgen des dritten Tages.

PALMSONNTAG

Der Sonntag hat seinen Namen von den Palmzweigen, mit denen die Jugend Jerusalems Jesus bei seinem Einzug begrüßt hat. Die Pfarrgemeinde zieht in nachahmender Weise festlich zum Gotteshaus, mit Palmbuschen in den Händen, um dort in der Eucharistie zu feiern. Die liturgische Farbe ist rot und steht für Königtum Christi und Märtyrerblut.

Roms Palmzweige stammen aus Ligurien

Legendär ist der Schrei jenes Seemannes bei der Aufrichtung des Obelisken auf dem Petersplatz 1586: „Wasser auf die Seile!" Er fürchtete, der schon fast aufgerichtete Obelisk könnte umstürzen, da die Seile zu reißen drohten. Die Warnung wurde als richtig erkennt, rettete den Obelisk und der Seemann hatte einen Wunsch frei. Der Heimatort des Matrosen Bendetto Brescas galt als die Palmenstadt Italiens. Daher erbat Bendettos für sich und seine Nachfahren das Privileg, die Palmen für die päpstlichen Paläste liefern zu dürfen. Sogar der Transport der Palmen erhielt ein Vorrecht: Erreichte das Schiff mit seiner Fracht die Mündung des Tibers, wurde ein parmurelo, ein großer, kunstvoll geflochtener Palmzweig an der Spitze des Hauptmastes, für jedermann weithin sichtbar, angebracht. Das Schiff hatte absoluten Vorrang gegenüber den anderen Schiffen. Bordighera und San Remo haben ihren Ruf als Palmenstädte bewahrt und vertreiben weltweit die mit viel Liebe und Geschick gefertigten parmureli. Zu Beginn der Prozession, die ihren Ausgang bis heute vom Obelisken nimmt, rief Papst Benedikt XVI. 2007 in Erinnerung: „Die Palmzweige sind Zeichen des Martyriums, der Hingabe an Gott und der Menschen. Mit ihnen jubeln wir jetzt Jesus, dem Messias, zu und bezeugen unsere Teilnahme am österlichen Geheimnis, das wir feiern"   DT, 31. MÄRZ 2007

MONTAG UND DIENSTAG IN DER KARWOCHE
Sie sind die stillen Tage, bevor das Heilige Triduum beginnt.

Mittwoch in der Karwoche
Am Nachmittag findet die sogenannte Ölweihmesse im Dom statt: Die Heiligen Öle für Taufe, Firmung, Priesterweihe, Krankensalbung und Altarweihe werden geweiht. Die Liturgie ist gewaltig und besonders ergreifend ist der Ritus, wenn der Erzbischof in das Öl Gottes Geist einhaucht und das Weihegebet spricht. Es lohnt unbedingt, sie mitzufeiern.
Oft wird auch ein Brief des Papstes an die Priester vorgelesen.

HOHER DONNERSTAG ODER GRÜNDONNERSTAG
Während des Tages wird nirgendwo eine hl. Messe gefeiert. Am Abend des Gründonnerstages versammelt sich die Gemeinde mit allen Priestern und Diakonen, um feierlich die Eucharistie zum Gedächtnis an das „Letzte Abendmahl" und Einsetzung der Eucharistie zu zelebrieren.
Die Liturgische Farbe ist Weiß.
Das Evangelium von der Fußwaschung (Joh 13, 1-5) erinnert an den Dienst, den der Herr an uns tut und den auch wir einander leisten sollen. Zur Vertiefung der Verkündigung kann der Priester an Vertretern der Gemeinde die Fußwaschung vornehmen (vorgeschrieben nur in den Bischofskirchen). Nach der heiligen Messe wird der Leib des Herrn in einer schlichten Prozession auf den Seitenaltar übertragen, wo er für die stille Anbetung und den Kommunionspendung am Karfreitag aufbewahrt wird.
Schweigen der Glocken: Ab dem Gloria des Gründonnerstags schweigen Glocken und Orgel bis zur Osternacht. Stattdessen werden Ratschen (hölzerne Klapperinstrumente) in der Liturgie verwendet. Die Ministranten gehen mit ihren Ratschen auch zu einigen Hauskreuzen und erinnern die Menschen, den Engel des Herrn zu beten.

Sogenannte "Trauermetten"

Sie finden in größeren Kirchen am Mittwoch-, Donnerstag- und Freitagnachmittag statt. Bei diesen Trauermetten werden die erschütternden Klagelieder des Propheten Jeremia gesungen. Darin beweint die Kirche mit dem Propheten die Zerstörung Jerusalems, ihre Reue über die Sünden der Menschen und unendliches Leid darüber, weil sie den Tod des Herrn verursacht haben.

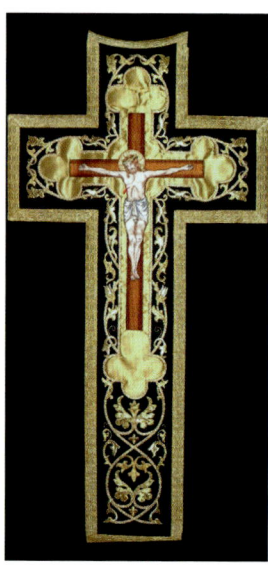

KARFREITAG –
LEIDEN UND STERBEN UNSERES HERRN

Am Karfreitag (und Karsamstag) wird in der ganzen Weltkirche keine Eucharistie gefeiert. Am Nachmittag des Karfreitags versammelt sich die Pfarrgemeinde – wenn möglich in der Todesstunde des Herrn, um 15.00 Uhr, zum Gottesdienst.
Der Karfreitag-Gottesdienst besteht aus drei Teilen:
- Wortgottesdienst
- Kreuzverehrung
- Kommunionfeier

Kreuzweg über Fernsehen

Einer der ergreifendsten Kreuzwege ist der im Kolosseum, Rom, den Johannes Paul II. eingeführt hat. Joseph Kardinal Ratzinger hat zuvor zum Karfreitag 2005 für Johannes Paul II. die Betrachtungen und Gebete geschrieben. Verlag Herder oder Kreuzeslob, fe-Medienverlag. Papst Benedikt XVI. setzt diese Tradition fort.

Warum Verehrung des Kreuzes?

Weshalb machen wir eine Kniebeuge vor dem Kreuz und küssen es? Es ist unser Siegeszeichen und Erkennungszeichen. Für die Christen aller Verfolgungszeiten bedeutet es Lebensgefahr und vielen brachte und bringt es Martyrium.
Was ist mit diesem Kreuz? Es gibt religiöse Symbole, die in ihrer unterschiedlichen Bedeutung weltweit verstanden werden: Der siebenarmige Leuchter (Judentum), der Halbmond (Islam) und das Kreuz, Zeichen des Christentums. Warum wird ausgerechnet dieses grausame Folterwerkzeug zum Erkennungszeichen des Christentums, obwohl es von Anfang an im Zentrum der Kritik stand? Auch der Apostel Paulus sagte, dass das Kreuz mit dem Gekreuzigten den Juden ein Ärgernis ist, den Heiden eine Torheit, den Berufenen aber, Juden wie Griechen, Christus, Gottes Kraft und Gottes Weisheit (1 Kor 1,23).

KARSAMSTAG

Am Karsamstag bleibt der Altar leer, keine Eucharistiefeier. Die Kirche weilt betrachtend am Grab Christi. Sie sinnt nach über das Geheimnis seines Leidens und Sterbens. Der Karsamstag endet mit der Abenddämmerung.

DIE HEILIGE WOCHE IN DER HAUSKIRCHE

Die Mitfeier der Liturgie ist die beste Vorbereitung auf Ostern. Es lohnt, diese Tage möglichst freizuhalten, um auf alle Fälle die Liturgie „stressfrei" mitzufeiern.

Eine gute Osterbeichte rechtzeitig einplanen: Der Empfang der Beichte und die Mitfeier der Eucharistie in der österlichen Zeit zu empfangen, ist ein Kirchengebot, ist eine verpflichtende Weisung der Kirche. Gott schenkt uns seine Gnade vor allem durch die Sakramente. Wir tragen diesen Schatz in zerbrechlichen Gefäßen (2 Kor 4,7). Die Kirche will uns mit ihren Weisungen helfen, in der Gnade zu verharren und in Gemeinschaft und Nachfolge mit dem gekreuzigten und auferstandenen Herrn zu leben.

PALMSONNTAG

Die Heilige Woche beginnt mit dem Palmsonntag. Gemäß den Evangelienberichten ritt Jesus als König in Jerusalem ein. Das Kreuz ist wieder **enthüllt**,, alles ist königlich festlich geschmückt. Bei der Palmprozession dabei sein, ist Ehrensache jeder Familie.

Das bekannteste Zeichen des Palmsonntages ist der Palmbuschen oder Palmzweige. Die geweihten Zweige werden anschließend zu Hause aufgeteilt und kommen zum Kreuz, in den Stall, aufs Feld, zum PC, ins Auto und an Plätze nach persönlich befundener Notwendigkeit.

Welche Sträucher gehören in den Palmbuschen?

Die Zusammenstellung der traditionellen Sträucher ist von Gegend zu Gegend verschieden. Es gibt traditionell unterschiedlich gebundene Palmbuschen in verschiedenen Längen und verschiedener Schmuckart. Während in Jerusalem tatsächlich Palmzweige getragen werden, verwendet man im Mühlviertel „sieben Sträucher": Lange Haselstauden, Segenbaum, Palmkätzchen, braunes Eichenlaub, Traubenkirsche (Älex), Linde und Birke.

Anfang der Fastenzeit holt die Familie, zusammen mit den Kindern, die Zweige für den Palmbuschen. Die Zweige müssen im warmen Zimmer eingewässert werden, damit sie Blätter und Blüten treiben können.

Auf dem Land kein Problem, werden Sie sagen. Da weiß man, wo die bestimmten Stellen für die gewissen Zweige sind, in der Stadt unmöglich! Nun, für mich persönlich trug es zur „Beheimatung in der Stadt" bei, die Standorte dieser Sträucher zu erkunden und die Besitzer eventuell um einige Zweige zu bitten.

MONTAG, DIENSTAG UND MITTWOCH

sind die stillen Tage, in denen die vielen Vorbereitungen auf Ostern passieren:

- Die Österliche Gebildebrote backen wie Osterlamm, Krapfen, Raindling
- Eier färben, die wichtigste Farbe ist rot
- Putzplan folgen, fertig machen und aufhören!
- Gelegenheit zur Osterbeichte nutzen

HOHER DONNERSTAG ODER GRÜNDONNERSTAG

- Traditionelles Mittagessen mit Spinat und Kartoffel
- Die alte Osterkerze niederbrennen lassen bis auf einen Rest für Karfreitag.
- Am Abend feiern wir in der Kirche das Letzte Abendmahl, Beginn der Passion und Einsetzung der Eucharistie. Das ist viel für einen Tag

Die Liturgie ist reich, wenn möglich, sollten wir uns vorbereiten durch Vorauslesen mittels Sonntags-Schott. Die Liturgie beinhaltet: Wortgottesdienst, Fußwaschung, Eucharistie und Übertragung des Allerheiligsten auf einen Seitenaltar. Ein großes starkes Zeichen ist das Abräumen des Altares, alle Lichter werden ausgelöscht, auch beim Tabernakel. Das Allerheiligste wird nur „übertragen", Gott sei Dank, der Herr verlässt uns nicht!

- Örtlich verschieden ist Gelegenheit zur Anbetung bis Karsamstagmittag
- Manche feiern zu Hause noch den „Schluck Wein" und den „Bissen Brot" des Abendmahles.

KARFREITAG – LEIDEN UND STERBEN UNSERES HERRN

- Streng gebotener Fasttag: Fleischfrei und einmalige Sättigung.
- Das Fasten schon am Vortag in der Familie ansprechen.
- Karfreitag ist der einzige Tag, an dem keine heilige Messe zelebriert wird, sondern: Wortgottesdienst, die „Großen Fürbitten", Kommunionfeier; Kreuzweg auf den Kalvarienberg.

■ Häusliche Liturgie: Die Kinder dürfen zur Todesstunde Jesu (15.00 Uhr) die alte Osterkerze (Licht Christi) ausblasen. Mit entsprechender Katechese von den dramatischen Ereignissen des Karfreitags in Jerusalem wird erlebt: Das Licht der Welt ist erloschen.

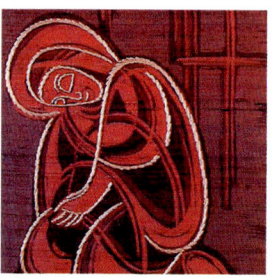

KARSAMSTAG

■ Tag der Grabesruhe Jesu: Marter und Tod sind nun vorbei.

■ Stiller, zumindest lärmarmer Tag, was Arbeiten und Veranstaltungen betrifft.

■ Besuch des Heiligen Grabes und Anbetung.

■ Eier färben, die wichtigste Farbe ist Rot (Königsfarbe)

■ Gebildebrote für Ostern: Osterlamm, Krapfen, „Reindling" u.a.m.

Weihekorb mit den Speisen

In einem Korb werden die traditionellen Speisen zur Weihe mitgenommen: Ei, Fleisch, Salz, Kren, **Gebildebrot**, und Wein.

Dazu die vorbereitete Osterkerze mit Tropfenfänger (Deckel eines Glases), ein kleines Gefäß für das neu geweihte Taufwasser.

Darüber wird eine sogenannte Weihekorbdecke gebreitet.

AUFBRUCH ZUR OSTERNACHT

Wenn es dunkel wird, gemeinsamer Aufbruch zur Feier der Osternacht.

Hochfest der Auferstehung unseres Herrn

🔟 Hochfest der **Auferstehung** des **Herrn**

OSTERN IM KIRCHENJAHR

Ostern ist das älteste Fest der Christenheit. Im Wort Ostern deuten viele Forscher die Herkunft vom althochdeutschen „ostarum", weil die Auferstehungsberichte (Mt 28, 1; Mk 16, 2-9; Lk 24, 1; Joh 20, 1) von der „Morgenröte des beginnenden Tages" sprechen und die Sonne bekanntlich im Osten aufgeht. Die Anstrengungen der jungen Kirche, den Ostertermin festzulegen, zeigen die Verwandtschaft mit dem jüdischen Hauptfest und gehen im Grunde von der jüdischen Berechnung aus (Pessach-Fest, Pascha, sprich: Pascha). Die frühen Christen haben das Osterfest am 1. Sonntag nach dem 14. Nissan (Jüdischer Kalender), vornehmlich in der Nacht, gefeiert. Er gilt als Todestag Jesu, vgl.1 Kor 5,7ff.

Das Konzil von Nizäa (325) entscheidet schließlich, dass Ostern am 1. Sonntag nach dem Frühlingsvollmond zu feiern sei, wobei der 21. März als Frühlingsanfang gilt.

In den ersten Jahrhunderten wurde Ostern in seiner ganzen Sinnfülle an einem einzigen Tag gefeiert: Leiden und Tod, Auferstehung, Erhöhung des Herrn und Tag der Geistsendung.

Die Osternacht, die „Mutter aller heiligen Vigilien", war bis Mitternacht von Trauer überschattet. Dann erst prägte die Freude über die Auferstehung des Herrn die Feier.

Diese „Gesamtfeier" wurde im vierten Jahrhundert vom „heiligsten Triduum des gekreuzigten, begrabenen und auferweckten Herrn" abgelöst. Seitdem sind die „heiligen drei Tage", Gründonnerstag bis Auferstehung Jesu, Höhepunkt des Kirchenjahres. Erhöhung des Herrn (Christi Himmelfahrt), wird in historischer Sicht und nachahmender Darstellungsform 40 Tage nach Ostern gefeiert und Pfingsten am 50. Tag schließt den Osterfestkreis ab.

Schon im zweiten Jhdt. hatten sich die Christen durch ein zweitägiges Fasten auf die Osternachtsfeier vorbereitet. Das Fasten wurde in gemilderter Form zunächst auf die Karwoche ausgedehnt und das Konzil von Nizäa spricht dann von einem 40-tägigen Fasten als weit verbreitete Sitte. Für die Römische Liturgie begann das Fasten am 6. Sonntag vor Ostern. Da aber der Sonntag nie als Fasttag galt, wurde – um die Zahl 40 zu erreichen – am Aschermittwoch begonnen (Christliches Brauchtum, H. Kirchoff, S.91 f).

Das Mysterium von Ostern

Zu Ostern feiern wir das Hochfest der Auferstehung unseres Herrn. Die Kirche feiert das neue Pascha: Christus ist das neue, das wahre Osterlamm. Durch seinen Tod hat er uns erlöst aus der Knechtschaft der Sünde und in die wahre Freiheit der Kinder Gottes geführt.

Zur fruchtbaren Mitfeier der Liturgie, gerade an Sonntagen und Hochfesten, ist der Sonntags-Schott unerlässlich. Die Liturgie ist die große „Lehrmeisterin im Glauben". Ostern hat, wie einige andere Hochfeste auch, nicht bloß einen, sondern zwei (arbeitsfreie) Feiertage und dazu eine Oktav. Die Auferstehung Christi feiern wir in der Nacht (Vigil) und das Fest dauert acht Tage bis zum weißen Sonntag, heute auch Barmherzigkeitssonntag genannt.

Die Hochfeste sind in der Regel einem Sakrament zugeordnet, Ostern ist mit der Taufe verbunden. Die Kirche hat lange Zeit in der Osternacht die Erwachsenen getauft, in der Regel nach einem vorausgehenden Katechumenat. Die Täuflinge trugen dann bis zum weißen Sonntag ihre weißen Taufkleider. Der Ritus des „weißen Kleides" bei der Taufe ist auch heute beibehalten. Der Osterfestkreis dauert sieben Wochen und schließt mit Pfingsten, dem fünfzigsten Tag, den Evangelienberichten gemäß mit der Geistsendung.

OSTERN IN DER HAUSKIRCHE

Ob Ostern eine Zeit der reichen Gnade wird, hängt auch von der Lebensweise der Österlichen Bußzeit ab. Jedes Fest, schon jeder Sonntag, wird festlicher mit entsprechender Vorbereitung: Wir leben auf den Sonntag zu, bereiten uns vor, beginnen ihn am Samstagabend mit einer einfachen, rituellen Feier. Wir erwachen „sonntäglich" gestimmt und purzeln nicht in den Sonntag hinein. Der so gelebte Tag des Herrn strahlt in die Woche hinein.

Die Fastenzeit ist Vorbereitung auf Ostern, innerlich wie äußerlich, persönlich und als Familie. Der Mensch braucht diese Erneuerung. Das aufgeräumte und festlich bereitete Haus stimmt den Menschen festlich. Nicht Gott, sondern der Mensch braucht diese Äußerlichkeiten!

Karsamstag-Nachmittag

Ab Mittag beginnen die letzten Vorbereitungen auf Ostern
- Festliche Bereitung von Haus und Wohnung
- Vorkochen des Festessens für Osternacht und Ostersonntag
- Blühende Forsythien für den Familientisch mit ausgeblasenen Eiern.

- Friedhofgang mit Osterlicht für das Familiengrab.
- Osternester für Kinder werden vorbereitet.
- Festliche Kleidung, der Mensch braucht das, um festlich gestimmt zu sein.
- Weihekorb mit österlichen Speisen bereiten.

Österlicher Hausaltar
Festliche bereitet mit
- Weißem Tuch und
- Bändern der liturgischen Farben in Weiß mit Gold oder Silber
- Blühende Forsythien oder Osterglocken
- Taufkerzen der Familienangehörigen – Tauferneuerung in der Osternacht

AUFBRUCH zur OSTERNACHT
Die Liturgie der Osternacht ist überwältigend, in der Ostkirche dauert sie mehre-
re Stunden. Riten, Zeichen, Symbole der Liturgie sind geheimnisvoll. Als Familie
gemeinsam zur „Auferstehungs-Liturgie" gehen, „nicht fahren".
Weihekorb mit den Speisen mitnehmen
Vielleicht brennt schon dort und da ein Osterfeuer auf den Bergen.

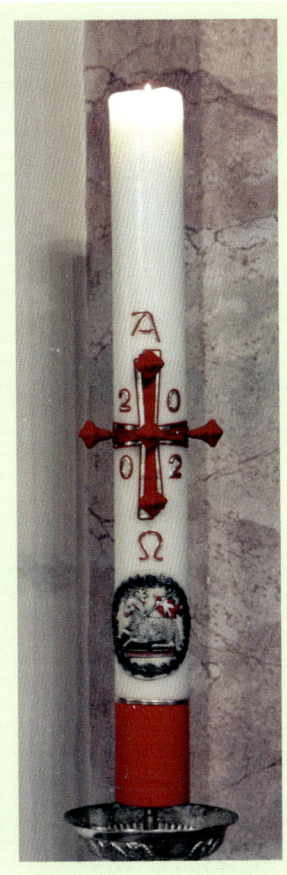

Die Osterkerze in Kirche und Hauskirche

Sie ist Symbol des Auferstandenen, klassisch geschmückt mit dem Kreuz.

Christus, gestern und heute (senkrechter Balken)

Anfang und Ende (Querbalken)

Alpha (erster griechischer Buchstabe – oben)
und Omega (letzter griechischer Buchstabe – unten)

Sein ist die Zeit (1. Ziffer)
und die Ewigkeit (2. Ziffer)

Sein ist die Macht und Herrlichkeit (3. Ziffer)
in alle Ewigkeit. Amen (4. Ziffer)

In das Kreuz fügt der Priester 5 Weihrauchkörner ein, dabei spricht er:

Durch seine heiligen Wunden (1)
die leuchten in Herrlichkeit (2)
behüte uns (3)
und bewahre uns (4)
Christus, der Herr. Amen. (5)

Die familiäre Osterkerze, an der Osterkerze der Kirche entzündet, steht nun beim Hausaltar.

DRAMATURGIE DER OSTERNACHTLITURGIE

Wir treten ein in die dunkle Kirche, draußen brennt das Feuer für die Osterkerze. In das Mysterium dieser Nacht führt uns das Tagesgebet:

Lasset uns beten.
Gott, Deine uralten Wunder leuchten noch in unseren Tagen.
Was einst Dein mächtiger Arm an einem Volk getan hat,
das tust Du jetzt an allen Völkern.
Einst hast Du Israel aus der Knechtschaft des Pharao befreit
und durch die Fluten des Roten Meeres geführt.
Nun aber führst Du alle Völker durch das Wasser der Taufe zur Freiheit.
Gib, dass alle Menschen Kinder Abrahams werden
und zur Würde des Auserwählten Volkes gelangen.

DIE LITURGIE DER OSTERNACHT HAT VIER ELEMENTE

1. LICHTFEIER

Segnung des Osterfeuers:

Anzünden der Osterkerze, Einzug in die dunkle Kirche und Anstimmen des Osterjubels.

Lasset uns beten!
Allmächtiger, ewiger Gott,
du hast durch Christus allen,
die an dich glauben,
das Licht deiner Herrlichkeit geschenkt.
Segne+ dieses Feuer, das die Nacht erhellt und
 entflamme in uns die Sehnsucht nach dir,
dem unvergänglichen Licht,
damit wir mit reinem Herzen
zum Osterfest gelangen.

Begehrt sind nach Erlöschen des Osterfeuers die verkohlten Hölzer, die zunächst auf die Gräber der Angehörigen getragen und spätestens am Ostermontag in die Ecken der Felder eingegraben werden: Die Auferstehung des Herrn soll der ganzen Natur verkündet und der Segen der Osternacht erbetet werden.

2. WORTGOTTESDIENST

Neun dramatische Lesungen, von denen leider nicht überall alle gelesen werden. Es lohnt, sie zu Hause voraus zu lesen: Schöpfungsmorgen, Sündenfall, Entschluss Gottes zur Rettung, der lange Weg des auserwählten Volkes, das Kommen des Messias, Sein Leiden, Sterben und Auferstehen. Abschluss mit Römer 6, 3-11: Wisst ihr es nicht? Wir sind eine neue Schöpfung durch die Taufe.

3. TAUFERNEUERUNG

Weihe des Taufwassers, Taufe (wenn möglich) und Erneuerung der Taufe
Man muss einigermaßen vorbereitet sein, wie sonst kann man es erfassen!

4. EUCHARISTIEFEIER

Der Auferstandene lädt die neu Getauften und die ganze Gemeinde ein zu seinem Gastmahl, zum Opfermahl: alle, die er durch seinen Tod und seine Auferstehung erlöst und geheiligt hat.

Der Heiland ist erstanden!
Osterjubel braust auf, wenn wir dieses uralte Lied jedes Jahr zum erstenmal singen. Wunderbar und reich an Katechese ist dieses Lied in allen Strophen.

Die Speisenweihe
findet im Anschluss statt und leitet über in die häusliche Feier.
Hören wir das schöne Segensgebet:
Lasset uns beten.
Herr, du bist nach deiner Auferstehung deinen Jüngern erschienen
und hast mit ihnen gegessen.
Du hast uns zu deinem Tisch geladen und das Ostermahl mit uns gefeiert.
Segne + dieses Brot, die Eier und das Fleisch und
sei auch beim österlichen Mahl in unseren Häusern unter uns gegenwärtig.
Lass uns wachsen in der brüderlichen Liebe und in der österlichen Freude und
versammle uns alle zu deinem ewigen Ostermahl,
der du lebst und regierst von Ewigkeit zu Ewigkeit. Amen

Der österliche Gruß den sich die Gläubigen nach der Auferstehung wünschen: „Ich wünsche dir ein frohes und gesegnetes Osterfest!"

Oder in der Ostkirche:
„Der Herr ist auferstanden!"
Die Antwort: „Er ist wahrhaftig auferstanden!"

Anschließend häusliche Feier
■ Ostergruß auch in der Familie sagen
■ Heimtragen des Osterlichtes und Entzünden der Taufkerzen
■ Neu geweihtes Taufwasser
■ Rituelles Mahl mit den geweihten Speisen. Der Familientisch wird schon vor Aufbruch zur Osternachtfeier festlich gerichtet. Der (teilweise/vollständige) Verzicht auf (einige) dieser Speisen geht voraus und reinigt den Geschmack. Die Symbole werden von Mutter oder Vater erläutert, die Speisen geteilt und verzehrt.

> **Österliche Gebildebrote**
> *Das schönste Gebildebrot ist das Osterlamm mit der Osterfahne. Andere sind: Krapfen, Reindling, Osterzopf, Osterkringel, Osterfladen. Die kreisförmigen Gebäcke (meist Hefeteig) symbolisieren die Sonne und damit Christus als Licht der Welt, der durch Tod und Auferstehung die Menschen vom Dunkel ins Licht geführt hat. Der Zopf verweist auf die Verflochtenheit zwischen Gott und Mensch.*

Zeichen und Symbolik der österlichen Speisen

wird von Vater oder Mutter angesagt und die Speisen rituell würdig verkostet.

Das Ei

Zeichen des Lebens und der Geburt zum Neuen Leben (Kind Gottes)

In der Taufe haben wir Neues Leben empfangen, wir sind auf Christus, den Auferstandenen getauft. Das Ei steht für das Grab, aus dem Er heraustieg.

Das Fleisch

Zeichen der Kraft, wir haben es entbehrt in der Fastenzeit.

Der Auferstandene ist unsere Kraft und Stärke!

Das Salz

Ist ein Name für die Christen – Salz der Erde – zu sein.

Wir sind durch die Taufe gerufen, Salz der Erde, Geschmack der Welt zu sein.

Der Kren

Ist Zeichen für die Bitterkräuter des Paschafestes: Zeichen des Auszugs aus Ägypten.

Hinweis auf das bittere Leiden Jesu, für unsere Befreiung aus der Sünde.

Das süße Brot (Osterlamm, Krapfen oder Reindling)

Ist Zeichen für die Süßigkeit, die das neue Leben in Christus hat.

Der Wein

Zeichen der Freude – Christus ist erstanden!

Taufwasser

Zeichen übernatürlichen Lebens: Wir sind getauft auf Tod und Auferstehung Jesu Christi (in Weihwasserkessel gefüllt).

Nach dem **rituellen Mahl** folgt das **sättigende Mahl.**

Älteste Osterzeichen und ihre Symbolik

- Osterlamm: Symbol für Christus, das wahre Osterlamm.
- Osterkerze: Symbol für den Auferstandenen.
- Rotes Osterei: Ei ist das Symbol neuen Lebens, Rot ist Königsfarbe

OSTERMORGEN

Alte und neue Bräuche seien aufgezählt, ohne Vollständigkeit und ausführliche Interpretation:

- „Gang am frühen Morgen", um 5 Uhr, noch einmal auf den Kalvarienberg. Am „leeren Grab" wird das Lied „Der Heiland ist erstanden!" gesungen.
- 6 Uhr: Weckruf durch Musikkapelle, durch den Ort, von Haus zu Haus.
- Begrüßen des Ostermorgens in freier Natur, wie es im Lied heißt: „Ein Staunen die Natur erfasst." Unser Großvater klopfte an einen Obstbaum, die Familie begleitete ihn und kniete nieder, um das erste **Regina Coeli** (Gotteslob 2,8) zu beten oder zu singen. So wurde dem ganzen Hauswesen verkündet: Der Herr ist auferstanden!"
- Gemeinsamer Kirchgang zum Hochamt.

- Festliche Kleidung soll über Bequemlichkeit stehen, der Mensch in seiner Ganzheit feiert.
- Ostergruß der Gläubigen: Frohe und gesegnete Ostern!
- 12 Uhr: Päpstlicher Segen „Urbi et Orbi" im Fernsehen. Wir sind verbunden mit der Weltkirche über die modernen Medien und empfangen den päpstlichen Segen und Ablass.
- Familientreffen am Ostersonntag oder Ostermontag.
- Mancherorts Feierlicher Segen um 14 Uhr oder am Abend.
- Barmherzigkeitsnovene auf den Weißen Sonntag hin

Osternesterl suchen …

Was wäre Ostern ohne die bunten Ostereier und den beliebten Brauch des Nest Suchens … Die Urfarbe der Eier ist Rot, die Farbe der Wunden Jesu, die der Auferstandene als Erkennungszeichen seiner Identität beibehalten hat.

OSTERSONNTAG

Ostern hat nicht nur einen zweiten Feiertag (Montag), sondern auch eine **Oktav**. Das Mysterium der Auferstehung Christi und unserer Taufe soll eine ganze Woche leuchten.

- Hausaltar, Haus und Familie sollen österlich festlich bleiben, auch wenn uns der Alltag schon am Dienstag einholt. Man taucht doch immer wieder in diese Atmosphäre ein.
- Taufkerzen bleiben aufgestellt, so kommen sie zur Geltung
- Abendliche Katechese über die Taufe anhand des Katechismus.
- Stundengebet für Laien, wie das II. Vatikanische Konzil einlädt. Der Psalm 118 des Ostersonntags wird die ganze Woche gebetet: „Dies ist der Tag, den der Herr gemacht".
- Weißer Sonntag oder Barmherzigkeitssonntag: Abschluss der **Osteroktav** und des kleinen Osterfestkreises. Bis zu diesem Tag trugen die neu Getauften ihre Taufkleider.

OSTERMONTAG

- Emmaus-Gang: In Österreich und Süddeutschland gibt es den Emmaus-Gang in Erinnerung an den Gang der Jünger nach Emmaus, denen sich Jesus unerkannt anschließt (Lk 24, 13-29). Es ist ein Gang in die erwachende Natur mit Gebet und Gesang oder auch als besinnlicher Spaziergang.
- Treffen und Besuchen von Verwandten.

GROSSER OSTERFESTKREIS
– 49 TAGE PLUS 1 IST 50 = PFINGSTEN

Das Ostermysterium wird fünfzig Tage oder sieben Wochen gefeiert. Die Tauferneuerung sollte an den sonntäglichen Eucharistiefeiern und im Alltag durchtragen.

- Fortlaufende Lesungen aus der Apostelgeschichte.
- Zeit für frohes Feiern mit Freunden, (Advent und Fastenzeit entlasten.)
- Ab Christi Himmelfahrt: Vorbereitung mit der Pfingstnovene.

Eigene Gebete und Sakramentalien der Osterzeit

- Stundengebet der Kirche, gebetet in den Familien.
- **Regina Coeli** – Freu dich du Himmelskönigin, statt dem Engel des Herrn

> **Vielbeachtete Segnung** *mit dem Allerheiligsten durch Erzbischof G. Eder*
> *Es war der Hochwassersommer 2004. Die Altstadt von Salzburg war um Handbreite von Fluten der Salzach bedroht. Erzbischof Georg Eder ging auf die Knie, dann machte er sich bei strömendem Regen auf den Weg mit dem Allerheiligsten. Obwohl die Staatsbrücke schon gesperrt war, erbat er sich bei der Absperrung die Erlaubnis, auf die Brücke zu gehen. Er segnete die Fluten stromauf, stromab. Wieder angekommen zu Hause, stellte er und mit ihm die ganze Stadt fest, dass es nach Wochen des Regens einen ersten kleinen Sonnenstrahl gab und der Regen aufgehört hatte. Die Stadt Salzburg war von den Fluten verschont geblieben. Darauf ging Erzbischof Georg Eder wallfahrten nach Maria Plain und dann in die Medien: „Gottes große Taten muss man verkünden", meinte er.*

Der Wettersegen ab 25. April, hl. Markus

Spätestens seit dem Hochwasser 2004, der Dürre 2005 und dem Schneewinter 2006, wird uns bewusst, dass der Wettersegen nicht nur dem Landwirt und seiner Ernte wichtig sein sollte, sondern uns allen. Deshalb sollte der Wettersegen neu belebt werden. Der Wettersegen gehört zu den Sakramentalien (KKK 1667-1668, 1670-1677).

Vor allem in ländlichen Gemeinden wird vom Fest des hl. Markus (25. April) bis zum Fest Kreuzerhöhung (14. September) um das Gedeihen der Feldfrüchte gebetet. In der Sorge um das tägliche Brot für alle und als Ausdruck der gegenseitigen Fürbitte zur Bewahrung vor Dürre, Nässe, Frost, Hagel, Überschwemmung und allem, was die Erde verdirbt, sollte der Wettersegen in Stadt und Land gebetet werden:

Segensgebet:

Gott, der allmächtige Vater,
segne euch und schenke euch gedeihliches Wetter.
Er halte Blitz, Hagel und jedes Unheil von euch fern. Amen.
Er segne die Felder, die Gärten und den Wald
und schenke euch die Früchte der Erde. Amen.
Er begleite eure Arbeit
damit ihr in Dankbarkeit und Freude gebraucht,
was durch die Kräfte der Natur
und die Mühe des Menschen gewachsen ist. Amen.
Das gewähre euch der dreieinige Gott,
der Vater, der Sohn und der Heilige Geist. Amen.

REZEPTE FÜR ÖSTERLICHE GEBILDEBROTE

- 🟧 Osterlamm (Biskuitteig und Form)
- 🟧 Bauernkrapfen für den alpenländischen Raum
- 🟧 Germteig für diverse österliche Formen

Germ in Form eines Dampferls ansetzen: 2 dag Germ, 1 KL Zucker, 1 EL Mehl, 2 EL handwarme Milch. Ist das Dampferl aufgegangen, schüttet man 50 dag erwärmtes Mehl dazu. Dann fügt man die übrigen Zutaten bei: Salz, ¼ l Milch, 6 dag Zucker, 8 dag zerlassene Butter, 2 Dotter und schlägt den Teig gut ab. Der Teig wird an einen warmen Ort zum Gehen aufgestellt. Ist er doppelt aufgegangen, wird er weiter verarbeitet (Hase, Lamm, Ei, geschmückt mit Zuckerwerk, Aranzini usw.).

Maria, Mai und Kirchenjahr

- ◼ Maria in Heilsgeschichte und Kirchenjahr
- ◼ Marienverehrung
- ◼ Marianische Dogmen, Feste und Hochfeste
- ◼ Weihe an Maria
- ◼ Traditionen und Bräuche im Mai
- ◼ Hausaltar und marianische Stoßgebete

 **11** **Maria,** Mai und Kirchenjahr

MARIA IN DER HEILSGESCHICHTE UND IM KIRCHENJAHR

Das II. Vatikanische Konzil lässt seine Kirchenkonstitution in einer Mariologie gipfeln: „Zeichen der sicheren Hoffnung und des Trostes für das wandernde Gottesvolk. Und weiter: Wie die Mutter Jesu schon im Himmel mit Leib und Seele verherrlicht, Bild und Anbeginn der in der kommenden Weltzeit zu vollendenden Kirche ist, so leuchtet sie auch hier auf Erden in der Zwischenzeit bis zur Ankunft des Tages des Herrn" (Konstitution über die Kirche, V,68).

DAS MARIANISCHE PRINZIP DER KIRCHE

„Ohne Mariologie droht das Christentum unter der Hand unmenschlich zu werden. Die Kirche wird funktionalistisch, ohne Seele, ein hektischer Betrieb ohne Ruhepunkt, in lauter Verplanung hinein verfremdet. Und weil in dieser mann-männlichen Welt nur immer neue Ideologien einander ablösen, wird alles polemisch, kritisch, bitter, humorlos und schließlich langweilig und die Menschen laufen in Massen aus einer solchen Kirche davon. Am Kreuz hat der Sohn seine Mutter in die Kirche der Apostel hinein verfügt, dort ist fortan ihr Platz. Verborgen durchwaltet ihre jungfräuliche Mütterlichkeit den ganzen Raum, verleiht ihm das Lichte, Wärmende, Bergende. Ihr Mantel macht die Kirche zum Schutzmantel. Die Kirche war schon da, ehe die Männer ins Amt gesetzt wurden." Soweit der große Theologe H. U. v. Balthasar.

MARIENVEREHRUNG IN DER GESCHICHTE

Die Verehrung Marias hat im Neuen Testament ihren Ursprung und Christus im Zentrum. Die Urkirche wusste sich im gemeinsamen Gebet verbunden und konnte daher mit Maria sprechen: „Der Mächtige hat Großes an mir getan" (Lk 1,46-55). In der Marienverehrung hat sich die Verheißung erfüllt: „Von nun an preisen mich selig alle Geschlechter" (Lk 1, 48).

In der mittelalterlichen Frömmigkeit erhielt Maria als Mutter der Barmherzigkeit eine herausragende Stellung im christlichen Fürbittgebet.

In der Barockzeit erlebte die Marienfrömmigkeit eine einzigartige Hochblüte. „Die Maiandacht" im heutigen Verständnis hat hier wesentlich ihr Vorbild. Nachweislich hielt der Orden der Kamillianer erstmals im Mai 1784 in ihrem Klosterkirchlein Ferrara unter großer Beteiligung der Gläubigen allabendliche Maiandachten ab. In Deutschland wurde die erste Maiandacht 1841 im Kloster der Guten Hirtinnen in München gehalten. Mit großer Begeisterung schallten bald Lieder und Hymnen an die Mutter Gottes durch ganz Deutschland. Die Maiandacht hat sich zur bedeutendsten Andachtform im „marianischen Jahrhundert entwickelt (1854 = Dogma der Unbefleckten Empfängnis Marias am 8. Dezember 1854 durch Papst Pius XI. und 1950 Maria Aufnahme in den Himmel mit Leib und Seele am 1. November 1950 durch Pius XII.) Im Apostolischen Mahnschreiben „Marialis cultus" vom 2. Februar 1974 hat Papst Paul VI. auf Fehlformen hingewiesen und angemahnt, „die bisher gebräuchlichen Andachten zur Verehrung der seligen Jungfrau mit Umsicht zu erneuern". Die beim II. Vatikanischen Konzil aufgezeigte Gesamtperspektive der Mariologie – die Dogmatische Konstitution gipfelt in einer Mariologie – wie auch die gewachsene und sich verstärkende Sensibilität für den rechten Zusammenklang von marianischer und eucharistischer Frömmigkeit haben der Maiandacht neue Impulse gegeben.

Papst Johannes Paul II. stellt wiederholt und endgültig klar, dass gesunde Mariologie christozentrisch ist. Er hat sich der Gottesmutter von Anfang an geweiht (= Totes Tuus = sein Wappenspruch gedeckt mit dem Leben), er schenkt uns durch sein persönliches Beispiel und durch zahlreiche Apostolische Äußerungen (= Apostolisches Schreiben Mulieris Dignitatem 1988, durch zahllose Ansprachen, durch das Geschenk des Lichtreichen Rosenkranzes 2002 und das Apostolische Schreiben Rosarium Virginis Mariae 2002) eine Vertiefung der marianischen Spiritualität.

Was ist ein Dogma?
Dogmen sind Wahrheiten des Glaubens, die die Kirche immer schon geglaubt hat. Diese Wahrheiten werden vom Lehramt der Kirche als verpflichtend zu glauben erklärt, wenn die Gefahr besteht, dass sie allgemein nicht mehr geglaubt werden.

Was sind Hochfeste?
Hochfeste sind kirchlich gebotene Feiertage. Die Katholiken sind verpflichtet, diese Tage wie Sonntage zu feiern. In der Eucharistie hören sie das Wort Gottes und die Auslegung der Kirche und erfahren so immer wieder die zu glaubenden Wahrheiten.

MARIANISCHE DOGMEN, HOCHFESTE, FESTE UND GEDENKTAGE

- 1. Januar: Hochfest der Gottesmutter Maria
- 2. Februar: Fest der Darstellung des Herrn, Maria Lichtmess
- 11. Februar: Gedenktag Unserer Lieben Frau von Lourdes
- Samstag nach dem 2. Sonntag nach Pfingsten: Unbeflecktes Herz Maria
- 25. März: Hochfest der Verkündigung des Herrn
- 13. Mai: Gedenktag Unserer Lieben Frau von Fatima
- 2. Juli: Fest Maria Heimsuchung, Besuch Marias bei Elisabeth
- 16. Juli: Unsere Liebe Frau auf dem Berg Karmel
- 15. August, Hochfest: Aufnahme Marias in den Himmel mit Leib und Seele
- 22. August: Maria Königin
- 2. September: Maria Namen
- 8. September, Fest, Maria Geburt
- 15. September: Gedächtnis der Schmerzen Marias.
- 7. Oktober: Unsere Liebe Frau vom Rosenkranz.
- 21. November: Unsere Liebe Frau von Jerusalem
- 8. Dezember: Hochfest der Ohne Erbsünde empfangenen Jungfrau und Gottesmutter Maria

MARIANISCHE SPIRITUALITÄT

- Die Wochentage sind nach der Tradition bestimmten Glaubensgeheimnissen zugedacht oder Heiligen geweiht. Der **Samstag** ist der besonderen Verehrung der Gottesmutter geweiht. Maria wird als Mutter der Kirche seit den Zeiten der Apostel mit besonderer Liebe verehrt und besonderem Vertrauen angerufen. Maria ist auch die Mutter der Hauskirche, der christlichen Familie.

Wir rufen sie an als Mutter und Erzieherin. Wir ahmen sie nach, echt marianisch wollen wir sein.

- Mariensamstage: Der je erste Samstag im Monat
- Fatimatag: Der „13". der Monate Mai bis Oktober
- Der Marienmonat Mai
- Der Rosenkranzmonat Oktober: der Rosenkranz ist ein Merkmal des Katholiken. Der Rosenkranz soll das regelmäßige Gebet der gläubigen Familie sein, im Oktober das tägliche Gebet. Ihren Kindern schenken die Eltern zu gegebener Zeit, z. B. zur Erstbeichte, einen soliden, schönen und geweihten Rosenkranz, an dem das Kind auch später noch seine Freude haben kann. Der Katholik trägt den Rosenkranz immer bei sich, zu Hause wie auch unterwegs. Noch im Tod hält er diesen Begleiter in seinen erstarrten Händen und nimmt ihn mit ins Grab.

DAS HAUS MARIENS IN EPHESUS

Papst Benedikt XVI. besuchte am 29. November 2006 eines der faszinierendsten Heiligtümer der Türkei, jenes Haus, in dem die Gottesmutter Maria mit dem Apostel Johannes gelebt haben soll. Seine Verehrung geht auf die Visionen der deutschen Mystikerin und stigmatisierten Nonne Anna Katherina Emmerick zurück, die es so präzise beschrieb, dass es die französischen Lazaristenpatres wieder fanden. Heute ist das Haus Mariens für Christen und Moslem gleichermaßen ein Wallfahrtsort, eine Stätte der Begegnung und des Dialogs, wie es die Türkei so dringend braucht   DT 28. 11. 2006, SEITE 9

MARIA IN DER HAUSKIRCHE

Die Liebe zur und die Verehrung Unserer Lieben Frau ist Herzenssache jeder christlichen Familie. Ihrem Schutz vertrauen Väter und Mütter von Anfang an den Glauben und die Erziehung ihrer Kinder. Einige Anregungen und Empfehlungen:

- Die Kinder bei der Taufe abschließend vor ein Marienbild zu bringen (GL 48/7).
- Den Kindern als zweiten Namen Maria geben.
- Erziehung zur täglichen Hingabe an Maria: O meine Herrin, meine Mutter ...
- Auf die Weihe vorbereiten, sie leben und erneuern
- Geweihte Medaille der Mutter Gottes tragen.
- Pflege des Rosenkranzgebetes

- Geweihten Rosenkranz immer bei sich tragen.
- Wallfahrt im Mai, Oktober oder an ihren Hochfesten
- Schmücken des Maialtar mit Blumen
- Krönung von Bild oder Statue zur „Königin der Familie", wie ihr Papst Johannes Paul II. diesen Titel verliehen hat
- Maiandachten in den verschiedenen Kapellen der Pfarrgemeinde besuchen. Vielleicht läßt es sich zu Fuß und mit Freunden hinpilgern, mit anschließendem gemütlichem Ausklang.

DER HAUSALTAR IM MAI
- Liturgische Farben sind Weiß und Blau.
- Blumen für Hausaltar und Tisch: Flieder oder Maiglöckchen.
- Bücher zu Marienlob und Maiandachten vorbereiten
- Lauretanische Litanei: Die vielen Namen und ihre Bedeutung wissen

Einige Marianische Stoßgebete

O meine Herrin, o meine Mutter, gedenke, dass ich dein bin!
Bewahre und beschütze mich wie dein Gut und Eigentum.

O Maria, ohne Sünde empfangen, bitte für uns,
die wir zu dir unsere Zuflucht nehmen.

Maria mit dem Kinde lieb, uns allen deinen Segen gib.

Predigt zur Weihe an Maria von Erzbischof Georg Eder siehe Seite 157.

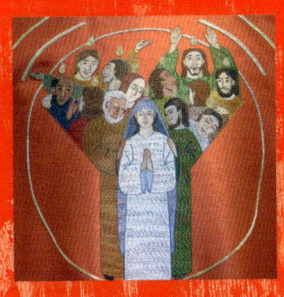

Hochfest Pfingsten und Abschluss des Osterfestkreises

12 **Hochfest Pfingsten** und Abschluss des Osterfestkreises

PFINGSTEN IM KIRCHENJAHR

Pfingsten ist Höhepunkt und feierlicher Abschluss des Osterfestkreises. Der zum Vater heimgekehrte Herr – Hochfest Christi Himmelfahrt – sendet uns, wie verheißen, den Heiligen Geist. Pfingsten ist nach Ostern und Weihnachten das drittgrößte Fest im Kirchenjahr. Ein allgemeines Brauchtum zum Fest wurde verwunderlicher Weise nicht ausgebildet, was bei der theologisch hohen Bedeutung der Pfingstereignisse erstaunlich ist. Das Volk hat offensichtlich die Theologie von Pfingsten und Heiligem Geist mehr in Meisterwerken von Liedern und Gebeten auszudrücken verstanden. Die alte Sequenz von Pfingsten und manche Hymnen zum Heiligen Geist gehen uns auch heute zu Herzen. So ist Pfingsten eher das „liebliche Fest" geblieben, ein Auftakt zum Sommer und den sogenannten „Grünen Sonntagen". Wir wollen das Mysterium von Pfingsten betrachten, um sinnvolle Bräuche für die häusliche Feier zu entdecken und gegebenenfalls neue zu schaffen.

PFINGSTEN UND
ENTFALTUNG DES KIRCHENJAHRES

In Jerusalem wurden in frühchristlicher Zeit die Ereignisse rund um Pfingsten an einem einzigen Sonntag gefeiert: Christi Himmelfahrt am Vormittag und Pfingsten am Nachmittag. Heute feiern wir Christi Himmelfahrt zehn Tage vor Pfingsten, damit beginnt die **Novene**▸ zum Heiligen Geist. Das Hochfest zu Ehren der Heiligsten Dreifaltigkeit, eines der größten Glaubensmysterien, feiern wir eine Woche nach Pfingsten. Hier sehen wir ein gutes Beispiel von Entfaltung des Kirchenjahres.

Im jüdischen Festkalender steht Schawuot an, es ist eines der drei großen Wallfahrtsfeste und bedeutet „Wochen", denn sieben Wochen nach Pascha ist Schawuot. Gefeiert werden: Erntedank zum Abschluss der Weizenernte, Bundesschluss und Gesetzgebung auf dem Sinai (Tob 2,1; 1 Makk 12,32).
Pfingsten ist also Bestätigung von Ostern, Vollendung und Neue Zeit. Sieben Wochen lang hören wir die Lesungen aus der Apostelgeschichte in ihrer ganzen Dramatik. Sie berichtet von der Ausbreitung der jungen Kirche.

Schreibt die Apostelgeschichte weiter!

Papst Benedikt XVI. trug bei seinem Besuch in Mariazell 2007 den neugewählten Pfarrgemeinderäten auf: „Schreibt die Apostelgeschichte weiter durch euer Leben!". Das gilt nicht nur den Pfarrgemeinderäten, sondern uns allen! Denn: Europa bedarf dringend einer zweiten Apostelgeschichte, einer Neuen Evangelisierung!

Rom ist der eigentliche Name für Katholizität

„Die Kirche hat mit der Herabkunft des Heiligen Geistes ihren feierlichen Anfang genommen. In diesem außerordentlichen Ereignis finden wir die wesentlichen Merkmale der Kirche:

Die Kirche ist eine, wie die Gemeinschaft von Pfingsten, die einmütig im Gebet versammelt war, sie war ein Herz und eine Seele (Apg 4, 32).

Die Kirche ist heilig, nicht aufgrund ihrer Verdienste, sondern weil sie, bewegt durch den Heiligen Geist, ihren Blick fest auf Christus richtet, um ihm und seiner Liebe gleich zu werden.

Die Kirche ist katholisch, weil das Evangelium für alle Völker bestimmt ist und der heilige Geist aus diesem Grund schon von Anfang an dafür sorgt, dass sie in allen Sprachen redet. Die Kirche ist apostolisch, da sie auf dem Fundament der Apostel errichtet ist und ihre Lehre durch die ununterbrochene Reihe der apostolischen Nachfolger treu bewahrt. Die Kirche ist von ihrer Natur her missionarisch, denn vom Tag des Pfingstereignisses an drängt der Heilige Geist sie unaufhörlich auf die Straßen der Welt hinaus, bis zum äußersten Ende der Erde und bis ans Ende der Zeiten.

Diese Wirklichkeit, die wir in allen Zeiten beobachten können, ist in der Apostelgeschichte bereits in gewisser Weise vorweggenommen, wo der Übergang des Evangeliums von den Juden zu den Heiden, von Jerusalem nach Rom beschrieben wird. Rom zeigt die Welt der Heiden an und somit alle Völker, die nicht zum alten Volk Gottes gehören. In der Tat, die Apostelgeschichte wird mit der Ankunft des Evangeliums in Rom abgeschlossen. Man kann also sagen, dass Rom der konkrete Name der Katholizität und der Missionstätigkeit ist, und die Treue zu den Ursprüngen, zur Kirche aller Zeiten, zum Ausdruck bringt. Zu einer Kirche, die in allen Sprachen redet und allen Kulturen entgegengeht".

ANSPRACHE BENEDIKT XVI. BEIM REGINA COELI, 27. MAI 2007

PFINGSTEN, EIN DREIFACHES FEST

- Fest des Heiligen Geistes, der „am Pfingsttag als ein Gott in drei Personen geoffenbart wird" (KKK 687 ff; 732 ff). Das Dreifaltigkeitsfest feiern wir am Sonntag nach Pfingsten.
- Fest der Offenbarwerdung der Kirche: Am 50. Tag nach der Auferstehung Jesu war die Urgemeinde von Jerusalem mit Maria, der Mutter Jesu versammelt (Apg 1, 14), als der Heilige Geist sichtbar auf jeden Einzelnen herabkam (Apg 1, 4-5; 1,5; 2, 1-3).
- Fest der Firmung und Erneuerung. Firmung kommt von firmare, das heißt Stärkung. Manche Hochfeste lassen sich einem Sakrament zuordnen, die Firmung gehört zu Pfingsten: „Sei versiegelt mit der Gabe Gottes, dem Heiligen Geist" (KKK 1285 ff).

PFINGSTEN IN DER HAUSKIRCHE

- 40 Tage nach Ostern oder 10 Tage vor Pfingsten feiern wir das Hochfest Christi Himmelfahrt. Das Osterbild im Wechselrahmen wird ersetzt mit Christi Himmelfahrt. Der Buchsbaum (grüner Zweig) der Osterkerze wird abgenommen
- Am nächsten Tag, also 9 Tage vor Pfingsten, beginnt die Novene zum Heiligen Geist. Novene heißt "neun" und hat ihr Vorbild im neuntägigen Gebet der Jünger im Abendmahlsaal, die nach der Himmelfahrt des Herrn im Gebet auf die Geistsendung warteten
- Die Novene begleiten sieben rote Kerzen für die sieben Gaben des Heiligen Geistes. Das zugehörige Kerzenbrett lässt sich leicht selbst machen
- Die Novene sollte thematisch pfingstlich sein: Heiliger Geist, Firmung, Kirche. Hilfreich sind: Katechismus, Kompendium, Glaube und Leben
- Eigene Gebete zur Pfingstvorbereitung sind: Hymnus zum Heiligen Geist, Lieder, Litanei oder Rosenkranz (GL). Laudes und Vesper des Stundengebetes
- Gute Beichte im Hinblick auf Empfang oder Erneuerung der Firmung.
- Einkauf, Friseur, Putz usw., nicht auf den letzten Moment warten

LETZTE VORBEREITUNGEN

- Einkauf und Vorbereitungen für ein besonders festliches Mahl
- Immer vor Festtagen empfiehlt die Kirche, bis Mittag des Vortages zu fasten
- Gebildebrote: „Flammen" oder „Tauben" (Rezept siehe S. 110).

- Als Tischschmuck: Birkenzweige (Zeichen des Brautschleiers) mit rotem „Pfingstzungen-Mobile" aus Buntpapier. Für bereits gefirmte Familienglieder mit Namen und Datum beschriftet. Für die „Noch-nicht-Gefirmten" hängen die unbeschrifteten Pfingstzungen, die am Firmtag feierlich mit dem Namen versehen werden.
- Das „Birken-Liebsträußl" galt als Symbol für Verliebte, Verlobte und hoffentlich immer noch geliebte Gattinnen. Eine gute Alternative zum Valentin: Es kann als Strauß überreicht oder als Bäumchen vor das Haus gestellt werden.

PFINGSTLICHER HAUSALTAR
- Liturgische Farbe ist Rot. Sie steht für das Feuer des Geistes, für das Blut der Märtyrer und für die wahre Liebe zu Gott und zu den Menschen
- Schönes Pfingstbild in den Wechselrahmen
- Pfingstrosen oder andere rote Blumen
- Pfingsttaube über dem Kreuz anbringen. Dazu ein interessantes Detail: Weil der Heilige Geist die Liebe zwischen Vater und Sohn ist, hängten manche Familien die Heilig-Geist-Taube über das Bettchen ihrer Neugeborenen

VORABEND VON PFINGSTEN
Alles ist bereitet und die Familie festlich versammelt. Pfingsten beginnt mit einer Vigil. Die Eltern nehmen ihr Taufpriestertum wahr, indem sie das Gebet leiten und Katechese geben. Es gibt verschiedene Möglichkeiten:

- Den Abend einleiten mit der Frage: Was feiern wir zu Pfingsten?
- Der Vater liest die Ereignisse des Pfingstfestes aus der Apostelgeschichte vor
- Gemeinsame Vesper aus dem Stundengebet der Kirche
- Heilig-Geist-Hymnus und Entzünden der sieben rote Kerzen
- Gesätz des Rosenkranzes: Jesus, der uns den Heiligen Geist gesandt hat
- Gemeinsames Gebet zur Firmerneuerung, Gotteslob 51
- Hören der Lesungen und
- Beten der wunderbaren Tagesgebete des Pfingstsonntags:

Gott, unser Herr
Du hast das österliche Geheimnis
Im Geschehen des Pfingsttages vollendet
Und Menschen aus allen Völkern das Heil offenbart.
Vereine im Heiligen Geist
Die Menschen aller Sprachen und Nationen
Zum Bekenntnis deines Namens.
Darum bitten wir durch Christus, unsern Herrn. Amen.

PFINGSTSONNTAG

- Pfingstgruß (Familie und Pfarrei): Frohe, gesegnete Pfingsten!
- Festliche Kleidung, die nicht Gott, wohl aber der Mensch braucht!
- Gemeinsamer Kirchgang
- Firmerneuerung, Gebet dazu siehe GL 52, 5.
- Festtägliches Essen möglichst vorbereitet
- Familientag: Besuch bei Verwandten und Freunden.
- Pfingstliches Singen und Musizieren in der Familie
- Am Abend Pfingstvesper oder Maiandacht
- Mit Rom verbunden den Apostolischen Segen über TV empfangen

---

Die Zahl „50" in der Zahlensymbolik

Pfingsten heißt griechisch Pentecoste, das bedeutet die Zahl 50 (auch Pentegramm und Pentagon erinnern daran). Die Zahl 50 enthält die Zahl 7 in Potenz: 7x7 = 49 plus 1 = 50. Die Zahl 7 steht für irdische Vollendung: 7-mal 7 (Tage) steht für irdische Vollendung. 50 steht für eine Neuheit, die über die irdische Vollendung hinausgeht. Was ist das Neue? Die Zeit der Kirche, der Neue Bund, der den Alten Bund vollendet.

Zahlen und Zahlenverhältnisse spielen eine wichtige Rolle in der Bibel und der christlichen Symbolik: Die heilige Zahl sieben ist die Summe von drei = Gott in drei Personen und vier = Welt (Elemente und Himmelsrichtungen). Beispiele für die heilige Zahlt 7: Am 7. Tag ruhte Gott; Siebenarmiger Leuchter; 7 Gaben des Heiligen Geistes; 7 Sakramente; 7 Werke der Barmherzigkeit; 7 Leuchter vor Gottes Thron; 7 Schalen des Zornes; Buch mit 7 Siegeln; 7 Tugenden und Laster; 7 Freuden und Schmerzen Marias. QUELLE: LEXIKON CHRISTLICHER KUNST

PFINGSTMONTAG – AUSKLANG

- Pfingsten hat zwei Feiertage wie viele Hochfeste – ein besonderes Geschenk.
- Gemeinsam besuchte Eucharistie ist Ehrensache der christlichen Familie
- Pfingsten hat keine Oktav, die Grünen Sonntage nehmen ihren Lauf
- Die Osterkerze steht nun abseits
- Das Regina Coeli der Osterzeit wird ersetzt durch den Engel des Herrn

---

REZEPT FÜR TAUBEN ODER FLAMMEN.

Germgebäck: 30 dag Mehl, 1/8 l Milch, 2 dag Germ, 5 dag Zucker, 2 Dotter, 1 Ei, 6 dag Butter, Salz, Zitronenschale, Vanille, Hagelzucker.

Aus den Zutaten einen Germteig bereiten und an einem warmen Ort gehen lassen, Tauben oder Flammen formen, nochmals gehen lassen, mit Ei bestreichen und mit Hagelzucker bestreuen.

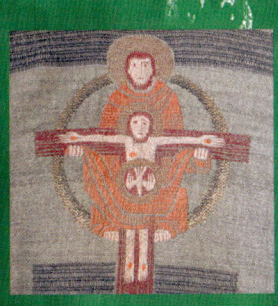

Vier Hochfeste zum Beginn des Sommers

- Christi Himmelfahrt
- Dreifaltigkeitssonntag
- Hochfest des Leibes und Blutes Christi oder Fronleichnam
- Herz Jesu Fest

🔢 4 **Hochfeste** zum Beginn des Sommers

HOCHFEST CHRISTI HIMMELFAHRT

Christus ist von der Erde nicht einfach weggegangen. Er bleibt anwesend in seiner Kirche und durch sie in der Welt, für die Welt. Das Volk Gottes weiß IHN gegenwärtig in ihrer Mitte: den Herrn, den Kyrios, zu dem es ruft: Herr erbarme dich unser! Christus ist beim Vater als der Menschgewordene und Gekreuzigte, als unser Priester und Fürbitter. Unsere Natur ist hinein genommen in die große Lebensbewegung des dreifaltigen Gottes.

Die Statue des Auferstandenen wird weggetragen, mancherorts vor den Augen der Gläubigen „hochgehoben". Im Eingangsvers heißt es: „Ihr Männer von Galiläa, was steht ihr da und schaut zum Himmel? Der Herr wird wiederkommen, wie er jetzt aufgefahren ist" Apg 1,11.

- 🟧 Im **Wechselrahmen**, ein Bild von Christi Himmelfahrt
- 🟧 Rosenkranz-Gesätz: Jesus, der in den Himmel aufgefahren ist
- 🟧 Beginn der Pfingstnovene: Wir beten neun Tage um die Herabkunft des Heiligen Geistes nach dem Vorbild der Jünger mit Maria in Jerusalem. Die Novene wird sinnenfällig unterstützt mit den sieben roten Kerzen (sieben Gaben des Heiligen Geistes). Am Pfingstsonntag sind wir vorbereitet für die Firmerneuerung.

DREIFALTIGKEITSSONNTAG, 1. SONNTAG NACH PFINGSTEN

Die Allerheiligste Dreifaltigkeit Gottes – Ein Gott in drei Personen – ist das größte Mysterium unseres Glaubens. Dieses Mysterium übersteigt unseren Verstand. Wir glauben das Dogma, weil die Kirche es zu glauben vorgibt, nicht, weil wir es etwa verstanden hätten.

- 🟧 Die Liebesgemeinschaft der menschlichen Familie ist Abbild der Liebesgemeinschaft der Allerheiligsten Dreifaltigkeit und göttlichen Personengemeinschaft. Deshalb eignet sich der Dreifaltigkeitssonntag auch für ein Fest der Familien und / oder einer
- 🟧 Wallfahrt zu einer Dreifaltigkeitskirche (Sonntagberg, Stadl Paura).
- 🟧 Eigener Hymnus für den Dreifaltigkeitssonntag: Herr ich glaube (GL 830).
- 🟧 Festlicher Hausaltar mit Dreifaltigkeitsbild in den Wechselrahmen

HOCHFEST DES LEIBES UND BLUTES CHRISTI ODER FRONLEICHNAM

Zehn Tage nach Pfingsten feiern wir ein Hochfest von großer Bedeutung und wunderbarer Liturgie: Fronleichnam. Dieses Fest ist reine Freude und unbeschreiblicher Dank für die bleibende Gegenwart des Herrn. Es ist ein Fest mit allem Glanz, den Kirche und Gesellschaft aufzubieten haben, weshalb auch Musikkapelle und alle Vereine eines Ortes aufgeboten werden. Fronleichnam hat das Festgeheimnis wie Gründonnerstag: Das Geschenk der Eucharistie.

Bekannte Bräuche und Traditionen sind:

- Liturgische Farbe ist Weiß mit Gold und manche Familien besitzen ein mit Eucharistieornamenten besticktes Tuch.
- Schmücken des Prozessionsweges mit Birken, mit kleinen Kirchenfahnen in Gelb-Weiß, mit Bildern zum Mysterium, mit Blumen. Ebenso Haus- und Feldkreuze, auch wenn die Prozession nicht daran vorbei geht.
- Blumen zum Ausstreuen entlang des Prozessionsweges vorbereiten.
- Zur Einstimmung: Vesper beten.
- Kinder fragen lassen: Was feiern wir morgen?
- In Festkleidung an der Prozession teilnehmen. Nicht Gott braucht diese Äußerlichkeiten, wohl aber der Mensch, deshalb sollen wir uns die Freude nicht nehmen lassen am ganzen festlichen Aufwand. Bei der Prozession mitgehen in festlicher Schar und mitbeten und mitsingen, vielleicht in Gemeinschaft mehrerer Familien.
- Teilnahme an der Prozession ist Ehrensache. Eigentlich ist ein Dieb, der sich davon dispensiert, schließlich schenkt uns die Kirche (in Österreich jedenfalls) diesen freien Tag.
- Mit der Prozession betend mitgehen, den Rosenkranz als Zeichen des Bekenntnisses mittragen
- Festmahl zu Hause, traditioneller noch ist eine Einkehr im Gasthaus
- Birkenzweig des Prozessionsweges heimbringen und im Hausaltar aufstecken: Dieser Zweig ist gesegnet, der Herr ging vorbei.
- Wichtigste Gebete und Lieder: Gesätz vom Rosenkranz: Jesus, der uns die Eucharistie geschenkt hat. Herrliche Sequenzen und Lieder in Schott und Gotteslob: Lobe Zion deinen Hirten. Pange lingua. Adoro te devote. Deinem Heiland, deinem Lehrer u. a. m.

Was bedeutet Fronleichnam für mich?

Wie Selbsterlebtes nach über einem halben Jahrhundert, wie ein Erlebnis von heute lebendig bleibt, hat Benedikt XVI. in einem sehr persönlich gehaltenen Aufsatz niedergeschrieben: „Ich spüre noch den Duft, der von den Blumenteppichen und den frischen Birken ausging; der Schmuck an allen Häusern gehört dazu, die Fahnen, die Gesänge; ich höre noch die dörfliche Blasmusik, die an diesem Tag sogar manchmal mehr wagte, als sie konnte, und ich höre das Krachen der Böller, mit denen die Burschen ihre barocke Lebensfreude ausdrückten, aber dabei eben doch Christus wie ein Staatsoberhaupt, ja, als das Oberhaupt, als den Herrn der Welt auf ihren Straßen und in ihren Dörfern begrüßten. Die immerwährende Anwesenheit Christi wurde an diesem Tag gleichsam als der Staatsbesuch begangen, der auch das kleinste Dorf nicht ausläßt."

DAS FEST DES GLAUBENS, J. RATZINGER, EINSIEDELN 1981; 112-120

DAS HERZ-JESU-FEST
(K)ein zeitgemäßes Fest?

Papst Benedikt XVI. erinnerte die Gläubigen am 26. Juni 2006 beim **Angelus**: „Am Freitag haben wir das Hochfest des Heiligsten Herzens Jesu begangen, ein Gedenktag, der Volksfrömmigkeit und theologische Tiefe auf treffende Weise miteinander verbindet. Es gehört zur Tradition – und in einigen Ländern gibt es diesen Brauch noch immer – dass sich die Familien dem Herzen Jesu weihen und ein entsprechendes Bild in ihren Häusern aufbewahren".

Wie spricht die Bibel vom Herz

Das Wort Herz kommt in der Bibel sehr häufig vor, wenn es um Denken, Überlegen, Verstand, Wissen und Weisheit geht: Mit Herz ist in der Tat die personalen Mitte Gottes getroffen. Auch des Menschen, denn wer Gott kennt, kennt auch den Menschen. Vom Herzen Jesu sprechen, ist vielen Gläubigen, gerade auch Priestern und Theologen, peinlich. Direkte Glaubensschwierigkeiten sind dabei nicht im Spiel. Es handelt sich eher um ein menschliches Problem. Das Leben lehrt uns Sachlichkeit und kühle Distanz. Sogar Liebende sehen von der Sprache des Herzens ab und versachlichen die Liebe. Nun liegt in der deutschen Sprache aber eine Fülle von Wendungen bereit, die bewusst zu machen sich lohnt: herzliche Grüße, herzlich willkommen, ein gutes und treues Herz haben, jemand von Herzen gern haben, sein Herz ausschütten, die Herzen der Menschen gewinnen, sich ein Herz nehmen, etwas tut uns von Herzen leid. Diese keineswegs vollständige Aufzählung beweist, dass das Symbol des Herzens nichts von seiner Ausdruckskraft eingebüßt hat. Die Sprache der Bibel liebt den Gebrauch von Urwörtern wie Herz, Seele, Geist, Angesicht... Die Selbstoffenbarung Gottes geschieht stufenweise und in notwendiger Beziehung zur Fassungskraft des Menschen. Das heißt nicht, dass der Mensch immer besser begreift, im Gegenteil: immer mehr muss er einsehen, wie unfassbar die Wirklichkeit Gottes ist und dass die angemessene Weise des Redens über Gott eigentlich das Schweigen wäre (**Schott**▸).

Das Herz-Jesu-Fest feiern wir in der 3. Woche nach Pfingsten und der ganze Monat Juni ist dem Herz-Jesu geweiht. Dieses Fest wurde eingesetzt auf Grund der Christuserscheinungen an Margarita Maria A. (1647-1690) in Paray-le-Monial. Bekannteste Erscheinung: 16. Juni 1675.

Ein wahrhaft katholisches Fest,
denn wir feiern das Herz Jesu als Ursprung der Sakramente, wie die liturgischen Gebete dieses Tages besagen. Dieses Fest ist in zeitlicher und inhaltlicher Nähe zum Fest der Geburt Johannes des Täufers, der sagte: „Er muss wachsen, ich aber muss abnehmen", und dieses Wort ist für jeden Christen programmatisch.

Die Wurzeln dieser Frömmigkeit liegen im Geheimnis der Menschwerdung Gottes: Durch das Herz Jesu hat sich die Liebe Gottes zu den Menschen in erhabener Weise geoffenbart, deshalb behält der echte Kult des Heiligen Herzens Jesu seine volle Gültigkeit und zieht besonders jene Seelen an, die nach der Barmherzigkeit Gottes dürsten und in ihr die unversiegbare Quelle finden, aus der das Wasser des Lebens zu schöpfen ist, das die Wüsten der Seelen bewässern und die Hoffnung wieder erblühen lassen kann. Dieses Hochfest ist zugleich der Weltgebetstag für die Heiligung der Priester.

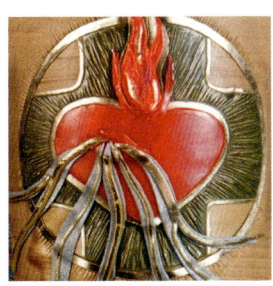

Weihe an das Heiligste Herz Jesu
Manche Familien weihen sich dem Herzen Jesu und sie erneuern die Weihe mit einer Oktav. Feierheft dazu siehe Die Kirche erwacht in den Häusern, Seite 136ff. Eine gute Beichte gehört unbedingt dazu.

Welches Herz-Jesu-Bild beim Hausaltar?
Das traditionelle Bild (ein fleischliches Herz mit Dornenkrone und Flamme) ist für den heutigen Menschen schwierig. Das eigentliche Herz-Jesu-Bild ist jenes vom durchstoßenen Herzen. Ein anderes ist jenes vom Lieblingsjünger Johannes an der Brust Jesu.

Feier des Herz-Jesu-Festes

- Das entsprechende Stundengebet eröffnet das Festgeheimnis.
- Die heilige Messe mitfeiern und sich als Familie dem Herzen Jesu weihen.
- Wunderbare Tagesgebete und Lesungen betrachten
- Herz Jesu Freitag zur regelmäßigen Beichte nutzen.
- Es gibt spezielle Anrufungen, Hymnen, die Herz-Jesu-Litanei und Lieder, typisch katholische Texte mit warmen Melodien und vielen wunderbaren Strophen.

Mit diesen vier Festen stehen wir im Hochsommer, die Grünen Sonntage nehmen ihren Lauf.

Hochfeste,
Feste und Leben
im Sommer

14 Hochfeste, Feste und Leben im Sommer

DER SOMMER IM KIRCHENJAHR

Nach Ostern und Pfingsten scheint für viele das Liturgische Jahr zu Ende zu sein. Was passiert in der langen Zeit von Pfingsten bis Ende August, oder bis zum Erntedankfest? Der Sommer fällt in die Grüne Zeit oder die Gewöhnlichen Sonntage im Jahreskreis. Traditionell wird im Juli das kostbare Blut Christi verehrt und im Sommer gibt es auch Feste und Hochfeste.

DIE SOMMERSONNENWENDE IN NATUR UND KIRCHENJAHR

Das Jahr der Sonne und der Natur läuft nicht getrennt voneinander. Sie stehen in einem geheimnisvollen, innigen Zusammenhang. Jedes Leben und deren Entfaltung hängt von der Sonne ab. Wie das Leben von der Sonne abhängt, so unser Gnadenlebens von Christus. Diesen Zusammenhang und die Bildsprache hat die Kirche im Licht des Heiligen Geistes sehr gut erkannt und das Jahr des Heiles wunderbar hinein gebaut in das Jahr der Natur. Das Jahr der Natur durchwandert und entfaltet viele Formen seines Daseins: es keimt und grünt, es blüht und wird befruchtet, dann wachsen die Früchte heran und reifen. In dieser Zeit stehen wir jetzt.

HOCHFEST DER GEBURT DES HL. JOHANNES DES TÄUFERS, 24. JUNI

Johannes der Täufer ist außer Maria der einzige Heilige, dessen leibliche Geburt seit dem fünften Jhdt. in der Liturgie am 24. Juni gefeiert wird, sechs Monate vor der Geburt Jesu. Das Evangelium (Lk 1) berichtet, dass Johannes schon vor seiner Geburt geheiligt wurde. Die ungewöhnlichen Ereignisse bei dieser Geburt weisen auf seine Bedeutung in der Heilsgeschichte hin. Er steht an der Schwelle zum Alten Bund. Er war berufen, das Kommen Jesu vorzubereiten. Die ersten Jünger kamen aus dem Kreis des Johannes. Johannes verstand sich als Rufer in der Wüste, als Vorläufer des Größeren, der nach ihm kommen sollte. Jesus aber nennt ihn den Größten unter allen Menschen. Das Hochfest kennt eine Liturgie am Vorabend und am Festtag selbst. Die Liturgie ist unerschöpflich. (**Sonntags-Schott**). Sein Todestag, die Enthauptung, wird am 29. August gefeiert.

HOCHFEST DER APOSTELFÜRSTEN, HLL. PETRUS UND PAULUS, 29. JUNI

Nicht der Todestag der beiden Apostel wird gefeiert, sondern die vermutliche Übertragung der Reliquien in die Katakombe an der Via Appia, nahe der heutigen Kirche San Sebastiano. Das heutige Fest wird zum erstenmal im römischen Staatskalender von 354 erwähnt.

Simon, der Bruder des Andreas, wird der spätere Kephas oder Fels, lateinisch Petrus. Petrus wird in allen Apostelverzeichnissen als erster genannt. Nach dem Weggang Jesu übernahm er die Führung der Gemeinde in Jerusalem. Sein Aufenthalt in Rom und sein Märtyrertod unter Kaiser Nero (zw. 64-65) können als historisch gesichert gelten.

Als Todesjahr des Paulus wird 67 genannt. Früher gab es am 30. Juni noch einen besonderen Gedenktag des hl. Paulus; er steht nicht mehr im römischen Kalender, dafür hat das Fest der Bekehrung des hl. Paulus (25. Januar) einen höheren Rang erhalten.

Auch dieses Fest ist ein Hochfest, hat eine Liturgie am Vorabend und am Festtag.

WAS IST VEREHRUNG DES "KOSTBAREN BLUTES CHRISTI"?

„Im Monat Juli verehren die Christen traditionellerweise das Heiligste Blut Jesu Christi. In der heutigen Welt wird ununterbrochen unschuldiges menschliches Blut vergossen. Die Herzen der Menschen sind häufig eher von Hass erfüllt als von evangeliumsgemäßer Liebe; oft sind sie eher von Verachtung und Arroganz erfüllt als von Sorge um die Menschheit". Angesichts dieser Situation ruft Papst Benedikt XVI. am 5. Juli 2006 bei der letzten Generalaudienz vor den Sommerferien die Gläubigen auf, dafür zu beten, dass die moderne Menschheit die Macht des Blutes Christi erfahren möge, das am Kreuz vergossen wurde, um uns alle zu erlösen.

FEST DER VERKLÄRUNG DES HERRN, 6. AUGUST

Das Fest der Verklärung Christi wird von Mattäus (17,1-9), Markus (9,2-10) und Lukas (9,28-36) berichtet. Das Fest der Verklärung wird in der Ostkirche sicher seit dem sechsten Jhdt. gefeiert. In der abendländischen Kirche wurde es 1457 von Papst Kallistus III. allgemein vorgeschrieben zum Dank für den Sieg über die Türken bei Belgrad.

HOCHFEST DER AUFNAHME MARIAS IN DEN HIMMEL MIT LEIB UND SEELE, 15. AUGUST

Höhepunkt des Sommers ist ein Marienfest. Nach früh bezeugtem Glauben der Kirche wurde Maria am Ende ihres irdischen Lebens mit Leib und Seele in den Himmel aufgenommen. Diese Wahrheit betont die besondere Würde der Gottesmutter. In ihr wird exemplarisch deutlich, wozu Mensch und Welt durch Gottes Gnade berufen sind. Das Fest sagt also indirekt etwas über uns selbst aus. Das Fest gehörte und gehört zu einem der beliebtesten Feste des Kirchenjahres und so schenkt uns die Kirche am Höhepunkt des Sommers einen hohen Feiertag. Das Fest erhielt durch die Verkündigung des Dogmas am 1. November 1950 einen starken Aufwind.

Das Dogma

„Wir verkünden, erklären und definieren es als ein von Gott geoffenbartes Dogma, dass die unbefleckte, allzeit jungfräuliche Gottesmutter Maria nach Ablauf ihres irdischen Lebens mit Leib und Seele in die himmlische Herrlichkeit aufgenommen wurde." **(Sonntags-Schott„)**

DIE KRÄUTERWEIHE

Die Kräuterweihe ist ein sehr zeitgemäßer Brauch, denn die Bedeutung der Heilkräuter ist wiederentdeckt worden und im Sinne der Schöpfungsbewahrung danken wir im Weihegebet dem Schöpfer für die Herrlichkeit der Schöpfung. Der Kräuterbuschen wird auf das Kreuz gesteckt oder im First des Hauses aufbewahrt. Binden und Aufstecken sollte aus katechetischen Gründen ein Ritus sein, nicht verborgen.

Verwendung der geweihten Kräuter

Meist werden die Kräuter hinter das Kreuz im Herrgottswinkel gesteckt oder an eine der Türen des Hauses, zum Hauskreuz oder in den First des Hauses.

Schließlich dient der aus dem Krautbund hergestellte Tee der Vorbeugung und Genesung von Krankheiten vielfacher Art. Zunächst für den Menschen. Aber auch krankem Vieh wurden die Kräuter ins Futter gemischt; die Körner des geweihten Getreides wurden dem neuen Saatgut hinzugefügt. Drohte ein schweres Gewitter, warf man Teile des Krautbundes ins Herdfeuer; der Bund wurde auch gegen Blitz und Seuchen an

die Hauswand gehängt; in den Sarg der Toten legte man ein Kreuz aus geweihten Kräutern.
Hören wir das wunderbare Weihegebet:

Lasset uns beten.
Du hast Maria über alle Geschöpfe erhoben und
sie in den Himmel aufgenommen.
An ihrem Fest danken wir für alle Wunder deiner Schöpfung.
Durch die Heilkräuter und Blumen schenkst du uns Gesundheit und Freude.
Segne + diese Kräuter und Blumen.
Sie erinnern uns an deine Herrlichkeit und an den Reichtum deines Lebens.
Schenke uns auf die Fürsprache Marias dein Heil.
Lass uns zur ewigen Gemeinschaft mit dir gelangen und
dereinst einstimmen in das Lob der ganzen Schöpfung,
die dich preist durch deinen Sohn Jesus Christus in alle Ewigkeit.

Zum Kräuterbund gehören

Das Johanniskraut (Hypericum perforatum)
Der Wermut (Artemisia absinthium)
Der Beifuß (Artemisia vulgaris)
Der Rainfarn (Chrysanthemum vulgare/Tanacetum vulgare)
Die Schafgarbe (Achillea millefolium)
Die Königskerze (Verbascum densiflorum)
Das Tausendguldenkraut (Centaurium erythrea)
Das Eisenkraut (Verbena officinalis)

Neben diesen allgemein anerkannten Pflanzen werden regional auch andere verwendet: Der Wiesenknopf, die Kamille, der Thymian, der Baldrian, der Odermennig, der Alant, verschiedene Kleesorten (Hasenklee, Feldklee) und die wichtigsten Getreidesorten. SIEHE CHRISTLICHES BRAUCHTUM, H. KIRCHHOFF, SEITE 170FF

HL. LAURENZ, DIAKON UND MÄRTYRER, 10. AUGUST

Laurenzius war einer der sieben Diakone in Rom, zuständig für Finanzen und Armenfürsorge. Nachdem Kaiser Valerian von ihm vergeblich die Herausgabe kirchlicher Güter verlangt hatte, die dieser lieber für die Armen verbrauchen wollte, wurde er gefoltert und hingerichtet. Laurenzius wurde zu einem der meistverehrten Heiligen, über seinem Grab ließ Kaiser Konstantin um 330 die Kirche S. Lorenzo fuori le Mura errichten.

Laurenzius-Tränen nennen die Bochumer die auffallend vielen Sternschnuppen Mitte August. Wenn die Erde auf ihrem Weg um die Sonne die Bahn des Kometen Swift-Tuttle quert, fällt eine große Menge Trümmer des Kometen in die Erdatmosphäre und verglüht. „Wunsch frei in der langen Sternschnuppennacht", wie sie die Sternwarte in Bochum am 10. August veranstaltet. Es fallen bis zu hundert solcher Tränen pro Sekunde. Die Zahl ist nicht jedes Jahr gleich, heißt es aus der Sternwarte.

HL. BARTHOLOMÄUS, APOSTEL UND MÄRTYRER, 24. AUGUST

Das missionarische Wirken des Apostels dürfte in Ägypten, Kleinasien oder auch Armenien gewesen sein. Gemäß den bäuerlichen Wetterregeln ist sein Tag bemerkenswert in der Jahreszeitenwende. Es heißt dazu:

Zu Bartholomäus, sieh, da knickt der Hafer in die Knie.

Wer Roggen hat, der säe, wer Grummet hat, der rech´,

wer Äpfel hat, der brech, wer Birnen hat, der rüttelt,

wer Zwetschken hat, der schüttelt.

Wie Bartholomätag sich hält, so ist der ganze Herbst bestellt."

DER SOMMER IN DER HAUSKIRCHE
Erholung ist mehr als Nichtstun!

Sommer, Ferien und Urlaub sein lassen, was sie in Wirklichkeit sind: Erholung für Leib und Seele, denn eine gesunde Seele wohnt sich leichter in einem gesunden Leib. Dass Ferien gelingen, ist manchmal gar nicht so einfach und wird auch individuell verschieden sein. Für den Einen bedeutet Erholung verreisen, für denjenigen, der im Beruf viel zu reisen hat, ist „daheim bleiben" die herrliche Alternative.

Der Sommer beginnt nicht erst mit den Ferien! Das sei jenen gesagt, die sich schwer von der Arbeit lösen und daher weniger Erholungseffekt haben. Auch persönlich habe ich diese Erfahrung gemacht. Seither bereite ich mich auf den Sommer vor, wie für eine Reise, auch wenn ich ihn zu Hause verbringe. Urlaub zu Hause verbringen kann ein spannendes Abenteuer sein, wenn man gute Ideen hat und sich richtig darauf vorbereitet. Für viele Berufe, im Besonderen für die Landwirte, lässt sich das nicht machen. Sie haben Hochsaison und müssen hart arbeiten!

Was erholt wirklich? Wie bereiten wir unseren Sommer vor?

▓ Lebensgewohnheit und Tagesablauf: Oft genügt eine kleine Veränderung. Ein Geheimnis scheint darin zu liegen, einen gewissen Abstand zu gewinnen und das muss am Anfang der Ferien passieren. Eine Möglichkeit ist, (nur) zu Beginn einige Tage wegzufahren, dann gelingt das anschließende Urlauben auch zu Hause viel besser.

▓ Das Jahr über notieren, was man gern tun würde, aber nicht schafft.

▓ Auf „Balkonien" Urlaub machen und endlich lesen nach Herzenslust

▓ Gestalten statt strudeln. Nicht bloß Nichts, sondern etwas ganz Anderes tun.

▓ Erholungseffekt des Wassers: Schwimmen nach der Arbeit, nicht erst im Urlaub.

▓ Sommerabende auf Balkonien, das Finsterwerden, Sterne aufziehen erleben.

▓ Grillen, wenigstens einmal im Sommer, gibt ein Sommergefühl.

▓ Abendspaziergang: Zeit haben, den Geruch blühender Blumen einatmen, Gefühl des Feierabends, Gefühle pflegen und ausdrücken.

▓ Singen und musizieren: Sommerlieder als Kulturgut entdecken und pflegen

▓ Zeitplan für Werktag Messen, evtl. auch in Nachbars Pfarreien, besorgen.

Bücherliste handverlesen – www.familie.kirchen.net

Bücher sind Freunde für jede Jahreszeit! Auch wenn der Winter als klassische Lesezeit gilt, nützt doch mancher gerade den Sommer dazu und packt einige „handverlesene" ein. Zunächst für alle Fälle, sollte es regnen oder Langeweile eintreten. Ein Buch hat schon Unerhörtes bewirkt: Die Umwelt versinkt plötzlich im Sog eines Krimis, eines spannenden Reiseberichtes. Tatsächlich besteht Freiraum zum Lesen auch während des Jahres, aber es sollten halt die gewissen, interessanten Bücher sein. Wir träumen doch von Reisen, Urlaub, Feste feiern und wie könnten da Bücher fehlen auf dem berühmten Balkonien. Es genügen ein Samstagabend oder ein Sonntag und ein schönes Buch wird zum unvergesslichen Erlebnis. Oder nach einem langen Sommer allmählich wieder sesshaft werden und die Zeit gepflegter Häuslichkeit entdecken. Zeit für lange Abende mit lohnender und spannender Lektüre! Bücher schaffen ein besseres Klima in der Familie, sie verbessern die Atmosphäre und gemeinsam gelesene Bücher schaffen eine gemeinsame Welt

Von Zeit zu Zeit wird behauptet, es werde weniger gelesen als je zuvor. Statistiken und Umfragen sagen wieder das Gegenteil. Lehrer und Erzieher wünschen, dass ihre Kinder Leser werden, weil sie wissen, dass Lesen das Denken schult, die Selbstständigkeit fördert und Außensteuerung verhindert, andere Menschen verstehen lehrt und soziale Tugenden entwickeln hilft, Lebenshilfe sein kann, ja Heilkräfte in sich trägt, Erlebnisfähigkeit vertieft und die Fantasie anregt, Orientierung sein kann für ein ganzes Leben. Vorlesen und gemeinsam Musik hören führt die Familie zusammen, schafft eine gemeinsame Welt.

HOCHFEST DER GEBURT JOHANNES DES TÄUFERS, 24. JUNI

- Wunderbare Liturgie am Vorabend und am Festtag
- Sonnwendfeuer aus den Birken, die den Fronleichnamstag säumten, ist ein beliebtes Brauchtum, oft begleitet von Musik, Gebildebrot und Geselligkeit.

HOCHFEST DER APOSTELFÜRSTEN PETRUS UND PAULUS, 29. JUNI

- Hochamt im Dom
- Mitfeier der Priesterweihe
- Anschließende Primizen besuchen: „Für den Primizsegen geht man weit!"
- Hausaltar: Bild oder Ikone der beiden Apostel Petrus und Paulus

AUFNAHME MARIAS IN DEN HIMMEL, 15. AUGUST

- Liturgie am Vorabend und am Festtag
- Krönung des Muttergottesbildes
- Marienweihe ablegen oder erneuern
- Oktav zum 22. August: Maria Königin

Höhepunkt des Sommers

Das Fest der Aufnahme Marias in den Himmel ist zugleich der Höhepunkt des Sommers, die Hitze lässt langsam nach. „Maria fährt in Himmel, hört sich auf das Weltgetümmel" (Gewitter).

Es kann ein wunderschöner Herbst folgen, aber eben ein Herbst.

Feste und
Leben im Herbst

15 Feste und Leben im Herbst – September und Oktober

DER HERBST IM KIRCHENJAHR

Der Herbst ist keine eigene liturgische Zeit, kein Festkreis. Die Sonntage von September bis November sind Grüne Sonntage oder Gewöhnliche Zeit und enden mit dem letzten Sonntag im Kirchenjahr. Das Jahr der Natur steht mit dem Jahr der Kirche in geheimnisvollem Zusammenhang. Nach keimen, blühen und befruchten, reifen die Früchte. In dieser Zeit stehen wir jetzt.

Die Tage werden deutlich kürzer, das **AVE-Läuten** ist bereits um eine Stunde früher. Der Herbst beginnt astronomisch zwar am 23. September, oft mutet es uns bereits nach dem 15. August herbstlich an, wenn die erste Schlechtwetterperiode einsetzt. Reste eines „festlichen Herbstbeginnes" finden sich früher um den 29. September, dem Michaelistag. Am Vorabend leuchteten Feuer den Herbst ein. Das zugehörige festliche Mahl wurde Lichtbratl genannt.

Wichtige Feste dieser Zeit
- Erzengel-Monat September
- Schutzengeltag im Oktober
- Viele Marienfeste im September
- Erntedankfest im September
- Rosenkranzmonat Oktober
- Die drei Goldenen Samstage im Oktober

WER SIND DIE ENGEL?

Engel sind Boten Gottes, reine Geister, sie haben keinen Körper. Sie stehen im Dienst Gottes und kommen denen zu Hilfe, die gerettet werden sollen (Hebr 1, 14). Im Alten Testament werden die Engel auch Heilige oder Söhne Gottes genannt. Unter ihnen werden die Kerubim und Seraphim besonders hervorgehoben. Die Schrift kennt 9 Chöre der Engel: Flammende Seraphim, erleuchtete Cherubim, Throne, Herrschaften, unüberwindliche Gewalten, Fürsten, wunderbare Mächte, Erzengel und Engel.

Nach alter Tradition ist der September in besonderer Weise der Verehrung der Engel geweiht und das Schutzengelfest wird am 2. Oktober gefeiert. Zudem ist der wöchentliche Dienstag dem Schutzengel zugedacht. Welchen Sinn haben solche Intentionen oder Gedenken? Wir sollen auch kleinere Glaubenswahrheiten nicht nur nicht vergessen, sondern die geistliche Hilfe in Anspruch nehmen.

In unserem Fall: wir sollen uns der Macht der Engel bewusst werden. Die Wahrheit, dass jeder Mensch einen Schutzengel hat, gehört zwar zu den kleinen Dogmen, aber zu den wichtigen und wirksamen im Alltag. Nicht nur die großen Dogmen oder Glaubenswahrheiten, sondern auch die „kleinen" sind eine große Lebenshilfe.

Der Schutzengel ist jedem Menschen eine große Hilfe. Kinder und viele Erwachsene haben Ängste und brauchen einen treuen Begleiter: Der Schutzengel ist immer bei uns und zugleich allezeit vor dem Angesicht Gottes. Er geleitet uns treu Tag für Tag bis zum Durchschreiten der Todespforte vor das Angesicht des Richters. Der letzte Weg, den wir alle mit Furcht und Zittern einmal werden gehen müssen. Wird die Wahrheit eines persönlichen Schutzengels vorenthalten, verkitscht und verniedlicht, werden New Age und andere Ideologien an seine Stelle treten.

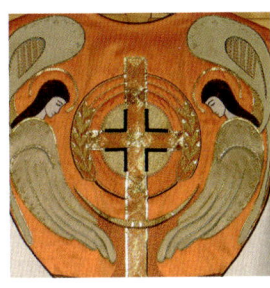

FEST DER DREI ERZENGEL, 29. SEPTEMBER

Die Schrift führt fünf Erzengel mit Namen an, der bekannteste ist Michael, der unbekannteste ist Uriel. Die Lesungen entstammen Dan 7, 9-10.13-14; Off 12, 7-12; Ps 138; Joh 1, 47-51. Ihre Namen sind Programm:

- Michael bedeutet „Wer ist wie Gott?". Das Patrozinium der Michaelskirche in Rom ist seit jeher der 29. 9., heute sind alle drei Erzengel zusammengelegt.
- Gabriel bedeutet „Kraft Gottes" oder „Held Gottes". Der frühere Kirchenkalender hatte für Gabriel den 24. März.
- Raphael bedeutet „Gott heilt und Gott führt." (24. Oktober)
- Luzius: Lichtträger (4. Dezember), er war der Lichtträger. Er erhob er sich gegen Gott, wurde von Michael gestürzt und zu Luzifer, auch Satan genannt.

FEST DES SCHUTZENGELS, 2. OKTOBER

Der Glaube an den persönlichen Schutzengel stützt sich vor allem auf Mt 18, 10. Die liturgische Verehrung der Schutzengel hat sich im 15. und 16. Jhdt. ausgebreitet. 1670 hat Papst Clemens das Schutzengelfest für die ganze Kirche verbindlich auf den 2. Oktober festgelegt.

„Ich werde einen Engel schicken, der dir vorausgeht. Er soll dich auf dem Weg schützen und dich an den Ort bringen, den ich bestimmt habe. Achte auf ihn und höre auf seine Stimme. Widersetze dich ihm nicht! Er würde es nicht ertragen, wenn ihr euch auflehnt, denn in ihm ist mein Name gegenwärtig. Wenn du auf seine Stimme hörst und alles tust, was ich sage, dann werde ich der Feind deiner Feinde sein und alle in die Enge treiben, die dich bedrängen. Mein Engel wird dir vorausgehen" Ex 23, 20-23.

Der jüdische Festkalender feiert
Sukkot oder das Laubhüttenfest

„Sieben Tage sollt ihr in Hütten wohnen, … damit eure Nachkommen wissen, dass ich die Juden in Hütten wohnen ließ, als ich sie aus Ägypten herausführte" Lev 23,42.43. Gefeiert am 15. Tag nach Neujahr.

Es ist anzunehmen, dass dieses kurz nach dem Versöhnungstag gefeierte Fest zuerst ein Erntedankfest war. Erst später brachte man dieses Fest mit der Erinnerung an die Wanderung durch die Wüste in Verbindung, da in der Wüste der Bau von Laubhütten wegen mangelnder Vegetation nicht möglich sein konnte. Das Fest dauerte sieben Tage, man soll in dieser Zeit in einer Hütte wohnen, die mit Laub bedeckt ist.

DREI MARIENFESTE IM SEPTEMBER
MARIA GEBURT, 8. SEPTEMBER

Das Fest entstand im Orient, wahrscheinlich aus dem Kirchweihfest St. Anna in Jerusalem, der als Ort ihrer Geburt gilt, eingeführt von Papst Sergius (667–701). Im Westen zählt es zu den vier großen Festen, die in Rom gefeiert werden. Vom Datum der Geburt Marias, das allerdings kein historisches ist, wird das Datum ihrer Empfängnis festgesetzt (8. Dezember). Die Tatsache, dass dieses Fest liturgisch gefeiert wird, setzt den Glauben voraus, dass Maria heilig (= ohne Erbsünde) geboren wurde. Neun Monate nach dem 8. Dezember feiern wir die Geburt Marias.

Es „herbstelt", die Zugvögel machen sich auf den Weg:
„Zu Maria Geburt, fliegen die Schwalben furt" (fort).

MARIA NAMEN, 12. SEPTEMBER

Einführung des Festes durch P. Innozenz XI. im Jahr 1683, zum Dank für den Sieg über die Türken bei Wien. Der Name Maria (hebr. Marjam und Myriam) wird verschieden gedeutet, aber keine von den etwa 60 Deutungen ist sicher. Die erste, uns bekannte Person mit dem Namen Miriam = Schwester von Mose.

Deutungen: Die von Gott Geliebte, Bevorzugte (Herrin, Schöne, Stern des Meeres).

SIEBEN SCHMERZEN MARIAS, 15. SEPTEMBER

Dieses Fest steht im Zusammenhang mit dem am Vortag gefeierten Fest Kreuzerhöhung. Die sieben Schmerzen Marias sind gemäß liturgischen Texten: Weissagung Simeons (Lk 2, 43-35); Flucht nach Ägypten (Mt 2, 13-15); das dreitägige Suchen nach Jesus bei der Wallfahrt (Lk 2, 41-52); Weg nach Golghotha; Kreuzigung Jesu; Abnahme Jesu vom Kreuz; Grablegung Jesu. Siehe auch Becker, S. 382fff

DER HERBST IN DER HAUSKIRCHE

Genuines Brauchtum gibt es mehr oder weniger nur zum Erntedankfest. Es ist den Familien überlassen, wie sie die Engelverehrung feiern. Einige Möglichkeiten sind:

- Ansprechendes Engelbild beim Hausaltar (Wechselrahmen) aufstellen.
- Dienstage auf Intention des Schutzengels feiern.
- Gebet zum Schutzengel und zum Erzengel Michael täglich beten.
- Religionsunterricht über die Engel und ihre Beziehung zu uns (KKK: 325-336).

Schöne und katechetisch reiche Lieder und Gebete sind im GL 606 ff:

Lasst uns den Engel preisen, der wie ein Bruder still.
Auf Erden mit uns reisen und uns behüten will.
Er wird auf seinen Händen uns tragen wunderbar
und wird den Feind abwenden und bannen die Gefahr.

Oder auch:

Aus der braunen Erde wächst unser täglich Brot,
für Sonne, Wind und Regen danken wir o Gott.
Was auch sprießt in unserem Land,
alles kommt aus deiner Hand. Amen.

DER OKTOBER – ROSENKRANZMONAT

Der oft missverstandene Rosenkranz ist ein betrachtendes Gebet. Der Gnadenweg Marias wird mit der Erlösungsgeschichte durch Jesus Christus verbunden. Auch unser eigenes Leben wird in das Heilsgeheimnis der Menschwerdung einbezogen, des Leidens und der Erhöhung Jesu Christi und in den dankbaren Lobpreis. Es dürfte Dominikus von Preußen gewesen sein, ein Mönch der Kartause St. Alban in Trier, dem wir die heutige Form verdanken.

Der Rosenkranz soll uns das ganze Leben begleiten, uns praktisch nicht aus der Hand gleiten. Der Priester Carl Sonnenschein hat in Berlin gepredigt: „Hast du ihn noch, den Rosenkranz, den dir deine Mutter gab? Den Rosenkranz, den du am Erstkommuniontag trugst? Den Rosenkranz, den man dir in die Hände fügen soll, wenn man dich einsargt und ins Grab senkt? Hast du ihn noch? – Nimm diesen Rosenkranz wieder zur Hand!"

UNSERE LIEBE FRAU VOM ROSENKRANZ, 7. OKTOBER

Das Rosenkranzfest gilt nicht dem Rosenkranz selbst, sondern der „Rosenkranzkönigin", der Jungfrau Maria. Das Fest wurde vom Dominikanerpapst Pius VI. 1572 zur Erinnerung an den Sieg über die Türken in der Seeschlacht bei Lepanto (Oktober 1571) eingeführt. Nach dem Sieg über die Türken bei Peterwardein (Ungarn) am 5. August 1716 wurde das Fest auf Bitten Karl VI. auf die ganze Kirche ausgedehnt.

Österreichs Schifahrer bei Papst Benedikt XVI.

Rom, Oktober 2007, Generalaudienz der österreichischen Schisportler bei Papst Benedikt XVI. „Ich hatte den Rosenkranz, den mir Johannes Paul II. geschenkt hatte, bei jedem Schirennen in der Tasche", erzählte Alpinchef Hans Pum, der schon 1997 mit einer Gruppe von Sportjournalisten und Sportlern Papst Johannes Paul II. besucht hatte. Mit dabei: Renate Götschl, Nicole Hosp, Marlies Schild, Hermann Maier, Benjamin Reich, Rainer Schönfelder, Michael Walchhofer, Peter Schröcksnadel.

Anregung für die Hauskirche
■ Bild der Rosenkranzkönigin in den Wechselrahmen
■ Krönung des Muttergottesbildes oder der Statue
■ Tägliches Beten des Rosenkranzes

DAS ERNTEDANKFEST

Eine gute Ernte ist nicht selbstverständlich. Wir erleben derzeit die Folgen des Klimawandels und neuerdings die Ausgeliefertheit an Dürre und Hochwasser. Unsere Väter haben in solchen Jahren Versprechen, Gelöbnisse, etwa Wallfahrten gemacht. Trauen wir Heutigen uns noch zu, etwas auf das ganze Leben hin zu versprechen? Haben wir das Feldfrüchtegebet dieses Jahr wenigstens einmal gebetet? Andererseits ist für den modernen Landwirt heute eine zu gute Ernte gar nicht erwünscht, nämlich wegen dem Preisverfall und Ähnlichem.

> **Wann ist das Obst reif?**
> Der Jakob, der salzt, (25. Juli, hl. Jakobus)
> Der Laurenz, der schmalzt, (10. August, hl. Laurenzius)
> Der Bartl der gibt ihm den Geschmack (24. August, Bartholomäus)
> Der Michl brockt ab (29. September, Erzengel Michael)

Erntebräuche in der Geschichte

- Segnung der Erntegeräte vor dem ersten Schnitt
- Kreuzzeichen über Sense und Ähre vor dem „ersten Schlag"
- Niederknien der Hausleute am Feldrand, um für eine gute Ernte zu beten
- Mancherorts bekamen den Ertrag der ersten Fuhre die Armen
- Der erste Erntewagen wurde vor der Kirche mit Weihwasser besprengt
- Auch die letzte Fuhre umgab ein besonderes Brauchtum

Die Erntekrone

Eine Erntekrone aus Ähren wird bei der Prozession mitgetragen. Die Frauen des Ortes tragen Gaben in Form ihrer Feld- und Gartenfrüchte mit.
Erntedankfest braucht keine Schaulustigen, nur Teilnehmer an der festlichen Prozession mit der ganzen Kultur des Ortes. Wir suchen die schönsten Früchte aus und tragen sie zum Altar.

Anregung für die Hauskirche
- Auch den Familientisch mit einem schönen Erntekorb schmücken
- Das Feldfrüchtegebet ein letztes Mal beten, zum Dank für die Ernte
- Vorsatz: Feldfrüchtegebet, Wettersegen, Flurprozessionen im nächsten Jahr neu beleben

DIE DREI GOLDENEN SAMSTAGE IM OKTOBER

Der Name „Goldene Samstage" leitet sich wohl von der Missa Aurea her, eine besonders feierliche Muttergottes Messe = Votivmesse de Beata. Die drei dem Michaelitag (29. September) folgenden Samstage sind als Goldene Samstage bekannt und beim Volk beliebt. Man wallfahrtet an diesen Tagen gerne zu einer angesehenen Mutter Gottes Kirche, geht dort zur heiligen Messe und empfängt die Sakramente. Ursprung und eigentlicher Sinn dieser drei Samstage ist nicht ganz geklärt. Fest steht, dass sie schon im 14. Jhdt. gefeiert wurden.

Herbstwanderung
Der Herbst mit seinen bunten Farben und dem Duft der erntefrischen Früchte lädt zu einer Wanderung ein. Die letzten Sonnentage genießen und die gemeinsame Zeit in der herbstlichen Natur erleben.

DAS KIRCHWEIHFEST
Theologie und Brauchtum
„Durch die Kirchweihe wird ein Kirchengebäude zum heiligen Ort", sagt das Lexikon für Theologie und Kirche. Das Heilige nimmt Raum in der Welt und grenzt sich ab gegen Profanes. Die erste Weihe eines Gotteshauses finden wir im Alten Testament (2 Sam, 7, 1ff): David, der große König, baute einen Tempel und weihte ihn mit einem großen Fest ein. Im Neuen Testament feiern die Gemeinden der Urkirche das Herrenmahl zunächst in Privathäusern, in dazu ausgestatteten Räumen dieser Häuser. Erst nach der Konstantinischen Wende wurden Basiliken gebaut und mit dem Reliquiar eines Heiligen versehen. Dieser Tag und der jährliche Gedenktag wurde zum Kirchweihfest.
Das Haus Gottes erhält eine eigene Weihe, Altar und Tabernakel sind das Zentrum, weshalb der Altar eine eigene Weihe bekommt. Die Weihe wurde in einem komplizierten Entfaltungsprozess allmählich zum heutigen Ritus des

Kirchweihfestes ausgebaut. Ursprünglich feierte jede Gemeinde den Jahrestag der Weihe ihres (örtlichen) Gotteshauses. Es gibt auch einen gemeinsamen Kirchweihtag, der Sonntag nach dem Weihetag der Lateranbasilika am 9. November.

Das Kirchweihfest ist landläufig bekannt unter dem Namen Kirchtag oder Kirmes. Drei römische Kirchweihfeste haben wegen ihrer überregionalen Bedeutung Eingang in den neuen Kalender gefunden:

- Weihetag der Basilika Santa Maria Maggiore am 5. August. Sie wurde im vierten Jhdt. auf dem Esquilin errichtet und 431 nach dem Konzil von Ephesus von Papst Sixtus III. der Gottesmutter geweiht. Sie ist die größte Marienkirche, sie birgt Reliquien der Krippe Jesu.
- Weihetag der Lateranbasilika am 9. November. Die Kirche wurde unter Kaiser Konstantin 324 erbaut und im zehnten Jhdt. dem Evangelisten Johannes dem Täufer geweiht. Sie gilt als „Mutter und Haupt aller Kirchen Roms und des Erdkreises".
- Weihetag der Basilika St. Peter am 18. November. Kaiser Konstantin ließ über den Gräbern der beiden Apostel eine Kirche bauen, Klein St. Peter genannt. Lange Zeit glaubte man, dass beide Apostel dort beigesetzt seien. Es blieb dem 20. Jhdt. vorbehalten, bei Ausgrabungen in der Nekropole unter St. Peter das wirkliche Grab des heiligen Petrus zu finden. Die Reliquien des hl. Paulus wurden jüngst in St. Paul vor den Mauern gefunden.
- Weihetag des Domes der jeweiligen Diözesen: Neben den Kirchweihfesten von allgemeiner Bedeutung spielen in den Diözesankalendern die Weihefeste der jeweiligen Bischofskirchen eine wichtige Rolle.

- Kirchweihfeste der einzelnen Pfarrkirchen: Jede Pfarre feiert ihren eigenen Kirchtag an dem Tag des Heiligen, dem die Kirche geweiht ist.
- Schließlich gibt es noch den Weihetag der Hauskirche: Familien weihen sich einem Glaubensgeheimnis oder einem Heiligen. Schon immer hatten sich Familien geweiht.

Brauchtum des Kirchweihtages

Der Kirchtag ist ein „Hochfest" der Pfarrgemeinde. Den Mittelpunkt bildet immer die besonders festliche Eucharistiefeier für die Lebenden und die Toten der Gemeinde. Zu erinnern ist an den sogenannten **Patrozinium-Ablass**.

Daran schließt sich gewöhnlich ein Jahrmarkt mit zum Teil übermütiger Geselligkeit.

Weiheakt und gelebte Weihe

„Die Herz-Jesu-Weihe, auch Thron-Erhebung genannt, lag unserer Mutter besonders am Herzen, denn Not und Sorgen um die Familie (es waren elf Kinder) wuchsen noch immer, obwohl der Krieg schon zu Ende war (1945). Eine solche Weihe war damals in Losenstein eine ganz neuartige Sache, sogar der Pfarrer fragte: Was will die Kronsteiner Mutter eigentlich damit? ‚Ich will mit den Meinen in das Herz-Jesu flüchten, ich weiß mir sonst keinen Rat mehr'. Die Mutter ließ die größeren Kinder von ihren Ersparnissen eine Herz-Jesu-Statue kaufen und bereitete die Weihe durch häufige Hinweise vor. Eine ihrer ältesten Töchter bereitete sich besonders intensiv auf die Weihe vor und bat das Herz-Jesu innig, sie durch die Weihe von einem unaufhörlichen Kopfweh zu befreien. ‚Dagegen gibt es keine Hilfe', sagten die Ärzte. ‚Und von der Stunde der Weihe an war das Leiden für immer weg, ich spürte es fast körperlich wie es von mir abließ', erzählte die Betroffene später.

Die Weihe wurde vollzogen an einem Wochentag, am Geburtstag unserer Mutter. Damals waren noch alle Kinder im Elternhaus, alle mussten kommen und sich festlich kleiden. Das Geschäft und das Haus wurden geschlossen. Diese Weihe war, vor allem für unsere Mutter, der sichtbare Ausdruck ihrer Grundhaltung, sich und ihre Familie voll und ganz Gott zu übereignen'. Jedes Jahr wurde die Weihe feierlich erneuert und jeden Tag wurde das Weihegebet gebetet, es war auch das letzte Gebet, das Vater und Mutter gemeinsam gebetet hatten, einige Stunden später war sie tot'.

AUS: EINE MUTTER UND ELF KINDER, HERMANN KRONSTEINER, KULTUR IN DIE FAMILIE, SEITE 83F.

Allerheiligen, Allerseelen und November

16 Allerheiligen, Allerseelen und November

ALLERHEILIGEN UND ALLERSEELEN IM KIRCHENJAHR

Allerheiligen ist das letzte Hochfest im Kirchenjahr. Allerheiligen und Allerseelen leiten den letzten Monat ein. Die Tage nehmen rasch ab, der Abend bricht früh herein und das Wachsen der Nächte wird sich fortsetzen bis zur Wintersonnenwende (21. Dezember).

FESTGEHEIMNIS VON ALLERHEILIGEN

Allerheiligen ist wie ein großes Erntedankfest; eine „Epiphanie von Pfingsten" wurde es auch genannt. Noch ist die Ernte nicht beendet; Allerheiligen richtet unseren Blick auf die Vollendung, auf das Endziel, für das Gott uns geschaffen und bestimmt hat. Noch seufzen wir unter der Last der Vergänglichkeit, aber es trägt uns die Gemeinschaft der durch Gottes Erwählung Berufenen und Geheiligten. Die Hoffnung treibt uns an, dass auch wir zur Freiheit und Herrlichkeit der Kinder Gottes gelangen mögen.

Wir gedenken der großen Heiligen, der vielen Unbekannten, Bekenner, Märtyrer, Priester und Laien, Päpste und Könige, Väter und Mütter, unvorstellbare Scharen. Unsere Generation erlebte durch Johannes Paul II. so viele Heiligsprechungen, Menschen, die wir selbst noch gekannt haben. Am Fest aller Heiligen gedenken wir aller, eben auch der vielen Unbekannten. Zur Erinnerung: jeder von uns ist zur Heiligkeit berufen. Ein Heiliger ist ein Liebender, riecht nach Gott, hat Atmosphäre, strahlt aus.

GESCHICHTE DES ALLERHEILIGENFESTES

Allerheiligen geht ins vierte Jhdt. zurück. Ephraim der Syrer und Johannes Chrysostomus kennen bereits ein Fest aller heiligen Märtyrer. Es wurde am 13. Mai oder 1. Sonntag nach Pfingsten gefeiert und heißt im griechischen Kalender heute noch Sonntag der Heiligen. Im römischen Kalender wurde dieses Fest aller heiligen Märtyrer am 13. Mai 609, anlässlich der Einweihung des römischen Pantheons zu Ehren der seligen Jungfrau Maria und aller heiligen Märtyrer gefeiert. Das Fest aller Heiligen – nicht bloß der Märtyrer – am 1. November kam im achten Jhdt. aus Irland und England auf den europäischen Kontinent und hat sich bald allgemein durchgesetzt.

Freut euch alle im Herrn am Fest aller Heiligen.
Mit uns freuen sich die Engel und loben Gottes Sohn. ERÖFFNUNGSVERS ZU ALLERHEILIGEN

ALLERSEELEN

Es ist urmenschliches Bedürfnis, der Toten zu gedenken. Das ist und war bei Christen nicht anders. Seit dem zweiten Jhdt. sind Gebete für Tote nachzuweisen und das Gedenken fand bald Eingang in die Eucharistie. Das Gedächtnis am 3., 7., 30., und 40. Tag nach Beisetzung eines lieben Toten und das entsprechende Jahresgedächtnis wurden von der jungen Kirche übernommen. Der große Abt Odilo von Cluny (994–1084) ordnete für den 2. November ein festliches Gedächtnis aller Toten (für seinen Klosterverbund) an. Die ins 15. Jhdt. zurückreichende Gepflogenheit, die es dem Priester an diesem Tag gestattete (was ansonsten nur am Weihnachtstag gestattet war), drei heilige Messen zu zelebrieren, wird 1915 auf die ganze Kirche ausgedehnt.

Es ist sinnvoll, dass die Gemeinde auch der (vergessenen) Toten gedenkt. Gebete und Fürbitten, die Feier der Eucharistie für die Toten, sollen helfen, dass die Verstorbenen durch die Läuterung oder Fegefeuer hindurch, ihre Vollendung in Gott finden. Dabei ist auch der Gedanke an den eigenen Tod gegenwärtig. Dieses „Memento mori" soll aber nicht von Furcht überschattet sein und die Kirche hat im neuen Ritus das überaus ernste „dies irae, dies illa" nicht mehr übernommen. Der Tag soll von gläubiger Auferstehungshoffnung getragen sein. (Christliches Brauchtum, H. Kirchhoff).

ALLERHEILIGEN UND ALLERSEELEN IN DER HAUSKIRCHE

Der Monat November wird auch Toter Herbst genannt. Er leitet über in die dunkle Zeit des Jahres. Es ist einfach klug, die Lebensweise dem Rhythmus der Natur anzupassen, es dunkel werden zu lassen und nicht wieder unruhig und lärmend. Auch aus diesem Grund ist das Halloween-Spektakel, pädagogisch betrachtet, eine Störung im natürlichen Rhythmus.

Wie beruhigend ist das Totengedenken der Kirche und das wunderbare Fest Allerheiligen: Erinnerung an die, die uns voraus gegangen sind und Vorfreude auf das Ziel, auf das auch wir zugehen? Bei der Beliebtheit so vieler Heiliger ist es verwunderlich, dass das Fest Allerheiligen kein genuines Brauchtum hervorgebracht hat, während Allerseelen einen erstaunlichen Reichtum aufweisen kann.

Hausaltar zu Allerheiligen und Allerseelen

Liturgische Farbe ist
- Weiß mit Gold zu Allerheiligen
- Schwarz und Gold zu Allerseelen (Gold ist die Farbe des Himmels)
- Bild der in diesem Jahr verstorbenen Familienmitglieder im Wechselrahmen
- Chrysanthemen mit ihren schönen Farben und dem eigentümlichen Geruch

Blumen und Gebildebrote zu Allerheiligen

- Chrysanthemen auf die Gräber
- Allerheiligenwecken, eigentlich ein Allerseelen-Brot, das beliebte Patengeschenk
- Nussgebäck – die frühen Christen hielten Mahl bei den Gräbern (siehe **Scavi Petri** in Rom).

Die Friedhof-Trösterin

„Damals, als mein Vater starb und das Grab noch frisch war, kamen erfahrene Witwen bei ihrem Friedhofbesuch auf meine Mutter zu. Sie sprachen mit ihr, fragten nach, erzählten von sich selbst und hörten zu. Einige Zeit später wurde auch aus meiner Mutter eine Friedhof-Trösterin. Die Gespräche mit den Hinterbliebenen ergaben sich beim Blumengießen, Kerzenanzünden, Unkrautzupfen von selber. Immer wieder haben die Getrösteten gesagt, wie gut ihnen das Zuhören und Reden getan hat.

VORBEREITUNG AUF ALLERHEILIGEN UND VORABEND

- Beichte, um den Allerseelen-Ablass zu erhalten
- Die Gräber der Angehörigen würdig schmücken
- Vorbereiten an Hand des Sonntags-Schott am Vorabend von Allerheiligen
- Am Vorabend bei Einbruch der Dunkelheit Kerzen (alle Kerzenreste des ablaufenden Jahres) in die Fenster stellen. Die Heiligen sind, so sagt die Heilige Schrift, wie glühende Funken auf dem Stoppelfeld (Off).
- Verkleiden als Lieblingsheiliger, ohne in Kitsch oder Fasching abzugleiten!
- Katechese vom Tod und Leben danach mit **KKK** und **Sonntags-Schott**.
- Geschichte eines der vielen Heiligen erzählen oder vorlesen, eines noch Unbekannten. Empfohlen für Kinder und Jugend: Karl Leisner, Wie Gold im Feuer geläutert.

HOLY-ween und bitte kein HALLO-ween!

In Verona schmücken seit 2006 – auf Initiative von Sentinello, einer Jugendbewegung Italiens zur Neuevangelisierung, Heiligenbilder die Fassaden jeder Kirche. Die Schönheit der Heiligen wird als Akzent gegen das Toben der Fratzen und Masken eingesetzt.

ALLERHEILIGEN IST EIN FEST „ALLER HEILIGEN"

■ Privater Friedhofbesuch am Vorabend von Allerheiligen: „Unvergesslich, wie der Vater mit uns Kindern auf den Friedhof ging. Es war ein Lichterfunkeln und ein unbeschreiblicher Friede über dem Friedhof. Dann erzählte der Vater von den vielen Menschen, die er gekannt hatte und die nun tot sind".

■ Gemeinsamer Kirchgang, auch hier schenkt uns die Kirche einen freien Tag

■ Gedenken aller Verstorbenen, namentliche Nennung aller in diesem Jahr Heimgegangenen und für sie alle wird gebetet.

■ Friedhofbesuch und **Allerseelenablass**▸

■ Anschließendes Verwandtentreffen, denn unvereinbart kommen die Verwandten aus Nah und fern. Kommen so viele Verwandte ohne eigens getroffene Vereinbarung zusammen? Eine Tradition daraus machen.

DER ALLERSEELENABLASS▸

kann vom 1. bis 8. November täglich für die Verstorbenen gewonnen werden.

Allgemeine Bedingungen:
Beichte, Abkehr von der Sünde, Kommunionempfang, Gebet auf Meinung des Heiligen Vaters.

Besondere Bedingungen: Friedhofbesuch und Gebet für die Verstorbenen vom 1. November 12 mittags bis 8. November, dazu Besuch einer Kirche oder öffentlichen Kapelle und beten des Vater Unser, des Credo und des Ehre sei dem Vater.

EINIGE WICHTIGE FESTE IM NOVEMBER

■ Weihetag der Lateranbasilika, 9. November

■ Hl. Martin, 11. November

■ Kirchweihe St. Peter, in Rom, 18. November

■ Hl. Katharina, 25. November: Kathreintanz

■ Letzter Sonntag im Kirchenjahr: Christkönigsonntag

Gebete und Stoßgebete für die Toten

Herr, gib ihnen die ewige Ruhe und das ewige Licht leuchte ihnen,
lass sie ruhen in Frieden. Amen.

Die Große oder Allerheiligenlitanei, GL 762.
Ihr Freunde Gottes, Lied, GL 608.

Christliche Benimm-Kultur

Der Friedhof ist ein geweihter Ort, wo man sich entsprechend benimmt: Nicht herumlaufen, Kreuzzeichen beim Betreten, Weihwasser für die Toten, bestimmtes **Gebet für die Toten** beim Grab, bei der Prozession und beim Grab mitbeten, schweigen und nicht schwätzen!

Biblische Bild-Sprache von den Gerechten

- „Zur Zeit der Heimsuchung werden sie aufleuchten wie Funken" Weis 3,7.
- „Dann werden die Gerechten leuchten wie die Sonne im Reich ihres Vaters" Mt 13,43.
- „Da werden die Einsichtigen leuchten wie der Glanz des Firmaments und die, welche viele zur Gerechtigkeit geführt, leuchten wie die Sterne in alle Ewigkeit" Dan 12,3.
- „Sie standen in weißen Gewändern vor dem Thron" Off 7,9.
- Die Gebete der Heiligen sind Schalen für Räucherwerk
- Die 144.000 Gerechten mit Palmzweigen in den Händen
- Sein Name ist auf ihren Stirnen geschrieben

Das sind nur einige der Bilder, wie die Heilige Schrift von den Heiligen spricht. Es lohnt, nachzulesen in Schrift und Katechismus der kath. Kirche.

Allerseelenbrauch auf der Tiberinsel in Rom

In Rom kam dem Totengedenken immer schon große Bedeutung zu. Viele Orte in der Ewigen Stadt, Tempel, Kirchen, Katakomben und Friedhöfe (Gottesäcker), geben bewegendes Zeugnis von der sogenannten „cura", der Sorge der Römer für die Verstorbenen.

Ein bemerkenswerter unterirdischer Friedhof befindet sich auf der Tiberinsel. Man gelangt dorthin durch die Kirche San Bartholomäus. Eine Treppe führt den Besucher tief hinunter auf die Höhe des Tibers. Hier wurden jene beigesetzt, die Wegelagerern und Räubern zum Opfer fielen, im Tiber ertranken oder durch Seuchen hinweggerafft wurden. Um diesen Friedhof nahm sich eine Bruderschaft an. Er wurde 1836 auf Anordnung Gregors XVI. geschlossen, da er bei Überschwemmungen immer wieder unter Wasser gesetzt wurde.

Am Abend des Allerseelentages sammeln sich die Mitglieder der Bruderschaft Sacconi Rossi (wegen ihrer roten Kapuzengewänder, die sie bei religiösen Zeremonien tragen) auf dem Vorplatz der Kirche. Unter frommen Gesängen ziehen sie zum Gotteshaus und steigen im Schein von Fackeln und Wachskerzen zu dem kleinen Gottesacker hinunter. DT 2. 11. 2006

Exkurs zu Halloween

Ein heidnisches Event? Was Halloween ist, lässt sich gar nicht so leicht sagen. Es wird mit englischsprachigen Ländern in Verbindung gebracht, mit mythischen Wurzeln, Geistertreiben und Kult der Kelten. Verkleidet ziehen die Kinder am Vorabend von Allerheiligen von Haus zu Haus und betteln um Süßigkeiten. Angesichts dieser seichten Auskünfte fragt man sich, warum Halloween so anziehend ist: „Ein Geist war an meiner Tür", meinen Kinder und Jugendliche, die sonst „aufgeklärt" sind.

Was ist zu tun?

Halloween findet Heidentum und leere Bräuche vor, Not-wendend ist deshalb:
- Die katholischen Feste wieder pflegen.
- Neues, sinnvolles Brauchtum entfalten. Auch Allerheiligen und Allerseelen haben Bräuche, Riten und Sakramentalien, welche die Sehnsüchte des Menschen in bestimmten Fragen ansprechen, etwa die Dunkelheit, das zu Ende gehende Jahr und die Erinnerung, dass einmal unser letzter Tag kommen wird und das Leben danach.
- Defizite in der Verkündigung über das Leben nach dem Tod aufholen.
- Verkleiden – rückt leicht in die Nähe von Fasching und wirkt wie eine Party.
- Kontrastkultur: Respektieren von Zeiten, wo lärmendes Treiben nicht passt. Die Zeit um Allerheiligen und Allerseelen ist, schulisch betrachtet, Hochsaison. Die Pädagogen plädieren, endlich eine ruhige Zeit einzulegen, entgegen der ganzen Event-Diktatur.

Bitte kein Halloween!

„Auch wir ‚Alten' und ‚Altmodischen' hatten ausgehöhlte Rüben mit Lichtern, grausige Masken und die entsprechenden Volksbräuche. Dennoch gab es einen Unterschied zu Halloween: Das frühere Brauchtum war auf den Sieg des Lichtes über die Finsternis ausgerichtet und erst recht war der Krampus dem Nikolaus untertan und zu Diensten. Das Helle und das Gute waren bestimmend und siegreich über die Mächte des Bösen und der Finsternis. Heute hingegen ‚feiert' man Hässlichkeit um ihrer selbst willen. Man behauptet, nicht an den Teufel zu glauben, aber man weidet sich an seiner Fratze, will das Grausige und Grausliche wenigstens anschauen. Ob man sich damit nicht doch die Ängste zurückholt, die sich sogar im Begriff ‚Heidenangst' niedergeschlagen haben? Ängste, die kommen, wenn der Glaube fehlt. Und umgekehrt: Wie beruhigend ist das Totengedenken der Kirche und das wunderbare Fest Allerheiligen: Erinnerung an die, die uns voraus gegangen sind und Vorfreude auf das Ziel, auf das auch wir zugehen? Halloween ist nicht der Weltuntergang, aber ohne diesen Unsinn und seine Fratzen wäre die Welt schöner!" WEIHBISCHOF ANDREAS LAUN, RUPERTUSBLATT, ALLERHEILIGEN 2007

Christkönig und
Ende des Kirchenjahres

🔟7 Christkönigsonntag
und Ende des Kirchenjahres

CHRISTKÖNIG IM KIRCHENJAHR
Der 34. Sonntag
hat mehrere Namen und Bedeutungen

- 🟧 Christkönigsonntag: Die Liturgie stellt uns Christus als König und Richter vor
- 🟧 Bekenntnissonntag: Öffentliches Bekenntnis der Jugend zu Christus
- 🟧 Ewigkeitssonntag: Letzter Sonntag – des Jahres, – des Lebens und – der Zeit

Die politische Sprache versperrt uns den einfachen Zugang: Wir hören König und denken an den ganzen Apparat der Macht oder auch Ohnmacht, wie ihn die Herrscher dieser Welt gebrauchen. Braucht Christus, um König zu sein, eine reiche und mächtige Kirche, eine mächtige Organisation?

Christus ist ein König, der misshandelt und ans Kreuz geschlagen wurde, damals und immer. Er steigt nicht vom Kreuz herab, er stirbt zwischen Himmel und Erde. Er ist König, nicht trotzdem, sondern gerade durch das Kreuz. Durch ihn haben wir die Versöhnung, die Freiheit und den Frieden.

CHRISTKÖNIG – NOCH ZEITGEMÄSS?

„Heute, am letzten Sonntag des liturgischen Jahres, feiern wir das Hochfest unseres Herrn Jesus Christus, König des Universums. Seit der Ankündigung seiner Geburt wird der einzige Sohn des Vaters, der von der Jungfrau Maria geboren wurde, im messianischen Sinn König genannt. Gemäß den Versprechungen der Propheten ist er Erbe des Thrones David und regiert über ein Königreich, das kein Ende haben wird (vgl. Lk 1,32-33).

Das Wort vom Königtum Christi spricht nur ungenügend die Wirklichkeit aus. Gemeint ist der absolute Vorrang Christi. Alles wurde durch ihn geschaffen und hat durch ihn Bestand. Christus ist Mensch geworden, gestorben, auferstanden. Durch ihn ist der Sinn dieser Welt sichtbar und ihr Ziel erreichbar geworden. Er hat die Menschheit in die Ordnung Gottes zurückgeholt. Wenn diese Bewegung der Rückkehr einmal vollendet ist, dann wird das Königtum Christi als die rettende Macht sichtbar und er selbst wird als der mächtige Retter, Richter und Herrscher offenbar werden".
P. BENEDIKT XVI. 2006

Der Christkönig-Sonntag ist ein Ideenfest, das Pius XI. 1925 zum Andenken an das 1600-jährige Jubiläum des Konzils von Nizäa, 325, eingeführt hat. In Anbetracht der in Europa zerfallenden Monarchien bürstete der Papst bewusst gegen den Strich: Die Anerkennung des Königtums Christi in der aktuellen Zeit hatte demonstrativen Charakter. Ursprünglich wurde das Fest am letzten Sonntag im Oktober gefeiert. Als die Nationalsozialisten den Dreifaltigkeitssonntag mit dem Reichssporttag belegten – er war der Bekenntnistag der katholischen Jugend, die mit persönlicher Präsenz und Fahnenabordnung öffentlich ihren Glauben demonstrierte – wurde das Treuebekenntnis der Jugend auf den Christkönigsonntag verschoben. Noch in der Nachkriegszeit war dieser Tag von Bekenntnisfeiern geprägt   AUS: FESTE, FEIERN, JAHRESZEITEN, M. BECKER-HUBERTI

Der letzte Sonntag im Kirchenjahr mahnt an das zweite Kommen Christi. Diesmal sichtbar für alle als König und Richter am Ende der Zeit, am Jüngsten Tag. Er erinnert an die wirklich kommenden dramatischen Ereignisse, Weltgericht, Auferstehung der Toten, Posaunenschall, endgültige Entscheidung, Ewigkeit, die vier Letzten Dinge: Tod, Gericht, Himmel, Hölle. Hören wir das Tagesgebet:

Allmächtiger, ewiger Gott, du hast deinem geliebten Sohn
alle Gewalt gegeben im Himmel und auf Erden
und ihn zum Haupt der neuen Schöpfung gemacht.
Befreie alle Geschöpfe von der Macht des Bösen,
damit sie allein dir dienen und dich in Ewigkeit rühmen.
Darum bitten wir durch Christus, unseren Herrn.

Der Widerspruch

Der Großinquisitor: „Hättest du Krone und Schwert genommen, so hätten sich dir alle freudig unterworfen. In einer einzigen Hand wäre die Herrschaft über die Liebe und die Seelen vereint und das Reich des ewigen Friedens wäre angebrochen ... Du stiegst nicht herab vom Kreuz, als man dir es mit Spott und Schande zurief und meinte, Du wärst doch Gottes Sohn! Du stiegst nicht herab, weil du die Menschen nicht durch ein Wunder zu Sklaven machen wolltest, weil dich nach freier und nicht erzwungener Liebe verlangte... Hättest du das Schwert und den Purpur des Kaisers angenommen, so hättest du die Weltherrschaft begründet und der Welt den Frieden gegeben. Denn, wer sonst sollte über die Menschen herrschen, wenn nicht diejenigen, die ihr Gewissen und ihr Brot in der Hand haben."

F. M. DOSTOJEWSKIJ, DIE BRÜDER KARAMASOW, V. 5: DER GROSSINQUISITOR

CHRISTKÖNIG UND ENDE DES KIRCHENJAHRES IN DER HAUSKIRCHE

In der Tradition findet sich kein originelles Brauchtum für Christkönigsonntag und die letzte Woche im liturgischen Jahr. Wir sollen gutes Brauchtum schaffen für Hauskirche, Lebensweise, Hausaltar und Familientisch. Wir sollen wieder einen Bekenntnissonntag schaffen.

LEBHAFTE ERINNERUNGEN

Die dramatischen Lesungen und Predigten vom Ende der Welt an den letzten Sonntagen im Kirchenjahr waren anschließend Thema am Familientisch. Nicht Angst, sondern eine gewisse heilsame Ehrfurcht wurde vermittelt. Unproblematisch kindlich-philosophisches Verstehen wuchs. So erinnere mich noch gut an meinen Schulaufsatz im Herbst zum Thema Werden und Vergehen in der Natur. Ich schloss ab mit den prophetischen Worten aus der Offenbarung des Johannes: Die Welt wird vergehen und Gott wird aus den Trümmern eine neue schönere Welt bauen. Der Lehrer lobte den Aufsatz einer 14-jährigen Schülerin und las ihn der Klasse vor, weshalb mir vermutlich das Ereignis in Erinnerung blieb.

LEBENSWEISE ZUM ABSCHLUSS DES KIRCHENJAHRES

- Letzte Fröhlichkeiten, Tanz und Geselligkeiten vor Advent
- Einladungen der Familien und Freunde,
- Betriebsfeiern und lärmende Veranstaltungen, um Advent zu entlasten
- Aufbrauchen der Köstlichkeiten, worauf im Advent verzichtet werden sollte
- Kathreintanz (25. November): Kathrein sperrt den Tanz ein.
- Cäcilia: Patronin der Kirchenmusik, Chorprobe und gemütlicher Ausklang.

FAMILIENTISCH/BRAUCHTUM/GEBILDE/BLUMEN

- Gebildebrot „Kronen" aus Germteig (Rezept im S. 148)
- Nicht „bestes", sondern „traditionelles" Festessen
- Letzten Wein, ev. den Johanneswein, sofern er nicht schon aufgebraucht ist.
- Letzte laute und ausgelassene, lustige Musik

HAUSALTAR ZU CHRISTKÖNIG

- Liturgische Farbe ist rot, steht für Christus als König
- Wechselrahmen: Christus als König; Anbetung des Lammes, Richter der Welt
- Gekreuzigter Christus mit Krone/Diadem und roter Umhang
- Eigene rote Kerze mit Krone

VENITE
AD ME
OMNES

EIGENE GEBETE/LIEDER UND RUFE

■ Rosenkranz mit eigenen Anrufungen nach R. Guardini:
Jesus, der wiederkommen wird in Herrlichkeit
Jesus, dessen Reich kein Ende haben wird.

■ Lieder:
Komm, Herr Jesus zur Erde (GL 565)
Der Herr bricht ein um Mitternacht (GL 567)
Komm, Herr Jesus, führ die Welt zum Ende (GL 568)
Du mein Heiland, hoch und her (bietet reiche Katechese).
Christus Sieger, Christus König, Christus – Herr in Ewigkeit.
Christus gestern, Christus heute, Christus – Herr in Ewigkeit.
Christus, wir rufen zu dir (GL 564)

Bekenntnislied der Katholischen Jugend und Weihe an Christus den König

1. Lasst die Fahnen wehen, über unseren Reihen.
Alle Welt soll sehen, dass wir neu uns weihen.
Kämpfer zu sein für Gott und sein Reich,
mutig und freudig den Heiligen gleich.
Refrain: Wir sind bereit, rufen es weit,
Gott ist der Herr auch unserer Zeit.

2. Christi Zeichen tragen unsre Sturmenfahnen.
Mutig woll'n wir's wagen, uns den Weg zu bahnen.
Durch eine Welt voll Lüge und List,
bis dann der Sieg uns beschieden ist.
Wir sind bereit ...

3. Niemals wir erliegen, feindlichen Gefahren:
Christus führt zum Siege, seiner Kirche Scharen.
Geht auch der Weg durch Nacht und durch Not,
uns leuchtet sieghaft das Morgenrot.
Wir sind bereit ...

UND WIEDER GEHT EIN JAHR ZU ENDE –
AN DER SCHWELLE ZUM ADVENT

- Herbststräucher aus der Wohnung entfernen, ab Advent gilt Tannenreisig
- Königlich essen und trinken, Tanz zu Kathrein
- Dann Küche, Kühlschrank und Lebensweise einstimmen auf den Advent
- Gute Beichte, fällt leicht in Anbetracht der Lesungen zur Wiederkunft Christi
- Testament „geistlich weiterschreiben" wie Johannes Paul II. es jährlich tat
- Neues Leseordnung in Schott und Stundengebet,
- Rosenkranz gemäß der Advent-Ordnung
- Entsprechende Gebet-, Andacht- und Liederbücher bereiten
- Adventkranz richten – liturgisch richtig: selber den Kranz zu binden.
- Leere Krippe richten, die im Lauf des Advents katechetisch gefüllt wird.

EINIGE WICHTIGE HEILIGENFESTE IN DIESER ZEIT

- St. Leonhard, 5. November
- Kirchweihfest der Lateranbasilika, 9. November:
- St. Martin mit seinen Laternenumzügen, 11. November
- Hl. Cäcilia, Märtyrerin, Patronin der Kirchenmusik, 22. November
- Hl. Katharina v. Alexandria, 25. November: „Kathrein sperrt den Tanz ein". Die Heilige mit dem zerbrochenen Rad als Attribut gehört zu den „drei heiligen Madln", oder „Die drei heiligen Jungfrauen" mit Margaretha und Barbara) und zu den vierzehn Nothelfern. Über ihr Leben sind bloß Legenden bekannt. Sie soll im vierten Jhdt. als Märtyrerin gestorben sein. Ihre Verehrung hat besonders bei den Bauern ihren Niederschlag gefunden: Am 25. November endete die Weidezeit und die Schafschur begann. Die Mägde und Knechte erhielten ihren Lohn und konnten den Dienstherrn wechseln. Am Abend des Tages fand der Kathreintanz statt, einer der Höhepunkte des Jahres.

GERMTEIG-REZEPT

für Königskronen, verziert mit kandierten Früchten.
50 dag Mehl, ¼ l Milch, 6 dag Zucker, 8 dag Butter, 2 Dotter, 2 dag Germ, 5 dag Rosinen, 1 Ei zum Bestreichen, kandierte Früchte als „Edelsteine".
Zubereitung: Germ als Dampferl ansetzen, wenn es aufgegangen ist, schüttet man es zum erwärmten Mehl, fügt die übrigen Zutaten bei und schlägt den Teig gut durch, den Teig an warmem Ort aufgehen lassen. Kronen formen oder ausstechen, mit kandierten Früchten und Herzkirschen verzieren und backen.

Anhang

KKK   Katechismus der Katholischen Kirche
K   Kompendium zum KKK
FC   Familiaris Consortio von Papst Johannes Paul II., Nachsynodales Schreiben über die Aufgaben der christlichen Familie in der Welt von heute, 1981.
GL   Gotteslob, Katholisches Gebet- und Gesangbuch 1975; veränderte Neuauflage in Planung.
So-Sch   Sonntags-Schott, das Messbuch der Kirche für Sonn- und Feiertage
Wo-Sch   Wochentags-Schott, Messbuch der Kirche für die Wochentage
St-Bu   Stundenbuch der Kirche: Advent und Weihnacht; Fasten- und Osterzeit; Grüne Zeit.

GLOSSAR – BEGRIFFREGISTER

Ablass: Der Erlass einer zeitlichen Strafe vor Gott für Sünden, die hinsichtlich der Schuld schon vergeben sind. Einen Ablass erlangt der Gläubige unter bestimmten Bedingungen für sich oder für die Verstorbenen. Er erlangt sie durch den Dienst der Kirche, die als Vermittlerin der Erlösung den Schatz der Verdienste Christi und der Heiligen austeilt (Kompendium Nr. 312).

Angelus: Siehe Engel des Herrn.

Apostolisches Schreiben: Rundschreiben der Päpste, die unregelmäßig zu bestimmten Anlässen und Themen in die ganze christliche Welt geschickt werden.

Benediktionale: Das Benediktionale ist das offizielle kirchliche Segensbuch.

Engel des Herrn oder Angelus: Jenes Gebet, in dem der Engel Gabriel an Maria die Botschaft von der Menschwerdung bringt, Maria sagt Ja, Gott wird Mensch. Es ist das wichtigste Ereignis der Weltgeschichte, die Erlösung durch Christus. Deswegen beten gläubige Katholiken dieses Gebet dreimal am Tag, erinnert durch Glockengeläut: morgens, mittags und abends (GL Nr. 2,7 oder Kompendium S. 216).

Epiphanie oder Erscheinung des Herrn: Bei der Epiphanie wird der König und Messias Israels allen Völkern offenbar. Wir feiern Erscheinung des Herrn am 6. Januar.

Engelamt: So wird die zweite Liturgie von Weihnachten genannt gemäß der Verkündigung durch die Engel (die dritte an die Hirten, die vierte an die Völker, an uns). Mancherorts wird die Rorate > so genannt, gemäß dem Engel des Herrn, ein wichtiges Gebet im Advent.

Eingangsvers: So heißt der Psalmvers zu Beginn der Hl. Messe, er gibt irgendwie den Ton der Liturgie an.

Fastenbrechen: Unterbrechen des Fastens zum Beispiel am Sonntag Gaudete (3. Adventsonntag) und Sonntag Laetare (4. Fastensonntag).

Fastenkrug oder Schachtel, wo die Opfergaben aufbewahrt werden. Materiell: Verzichtete Genüsse in der Fastenzeit; oder geistig: etwas, das mir schwer fällt, opfere (schenke) ich Gott für ein bestimmtes Anliegen.

Fastenkrippe analog der Weihnachtskrippe, wo Leiden, Sterben und Auferstehen Christi figürlich dargestellt und katechetisch begleitet wird.

Fest: Siehe Hochfest.

Gaudete oder dritter Adventsonntag: Gaudete heißt Freude, gemäß dem Eingangsvers: Freuet euch, denn der Herr (Weihnachten) ist nahe. Liturgische Farbe ist Rosa (siehe Seite ???)

Gebildebrot: Bezeichnung für Gebäcke zu bestimmten (religiösen und festlichen) Anlässen in bestimmten Formen. Die Backwaren werden nach einem bestimmten Rezept in einer bestimmten Form (Symbole, Ornamente, Heilige) zu einer bestimmten Zeit oder einem Anlass, gemäß Tradition gebacken, verschenkt und verzehrt.

Grüne oder gewöhnliche Sonntage: Alle Sonntage außerhalb des Weihnachts- und Osterfestkreises. Die Liturgische Farbe der **Paramente,** ist Grün. (Mehr dazu in Die Kirche erwacht S. 94 ff.)

Hausaltar, Herrgottswinkel oder Gebetsecke.

Hauskirche: Bezeichnung für eine christliche Familie, auch „Kirche im Kleinen".

Hochfest: Liturgische Bezeichnung für große Feste im Kirchenjahr, zum Beispiel Weihnachten, Epiphanie, Ostern, Pfingsten, Marienfeste. Den Hochfesten stehen die Feste gegenüber. Andere Tage werden als Gedenktage bezeichnet.

Herbergsuche des Heiligen Paares (siehe Seite ???)

Katechese/Katechetische Schritte: Katechese ist das alte Wort für Glaubensunterweisung.

Kirchengebot: Ist ein Gebot (oder Weisung) der Kirche, sie will uns mit ihren Weisungen helfen, in der Gnade zu verharren. Wir kennen fünf: Feiere den Sonntag als Tag des Herrn; Eucharistiepflicht an Sonn- und Feiertagen; Freitagsopfer; wenigstens einmal im Jahr Verpflichtung zu Beichte und Kommunionempfang; die Kirche mit Geld unterstützen (siehe GL Nr. 67).

Kontrastkultur: Alles hat seine Zeit (Kontrast): Sommer – Winter, Tag – Nacht, Fasten –Feiern, Sonntag – Wochentag und dementsprechende Lebensweise (siehe Seite 16)

Konfessio: Übersetzt Bekenntnis, Konfessio wird die Nische im Petersdom, Rom, unterhalb des Hauptaltares, genannt. Ganz in der Nähe dieser Nische ist das tatsächliche Grab des hl. Petrus. Er hat seinen Glauben mit dem Martyrium bekannt, deshalb Konfessio.

Laudes: Morgengebet der Kirche aus dem Stundengebet. Für den Klerus verpflichtend, seit dem II. Vatikanischen Konzil den Laien, besonders den Familien, sehr empfohlen.

Liturgie: Der öffentliche und allgemeine Kult, den das Volk Gottes zur Verehrung Gottes feiert, dazu gehören wesentlich die Eucharistiefeier, alle anderen Sakramente und das Stundengebet.

Liturgisches Jahr oder Kirchenjahr: Wie die Natur im Lauf eines Jahres ihr Leben erst voll entfalten kann (keimen, blühen, wachsen, reifen) so auch das Jahr der Gnade. Im Liturgischen Jahr feiert die Kirche das ganze Mysterium Christi, von der Inkarnation bis zur Wiederkunft in Herrlichkeit. An bestimmten Tagen verehrt die Kirche mit besonderer Liebe Maria, die selige Gottesgebärerin, und feiert auch das Gedächtnis der Heiligen, die für Christus gelebt, mit ihm gelitten haben und mit ihm verherrlicht werden. Kompendium des KKK, Nr. 242

Laetare oder vierter Sonntag in der Fastenzeit: Freudensonntag mit Fastenunterbrechung. Laetare heißt Freude, Freue dich Stadt Jerusalem, heißt es im Eingangsvers der Liturgie.

Lebensweise (adventliche): Lebensstil gemäß einer bestimmten Zeit (Fest oder Fastenzeit) und einem Lebensstand.

Liturgische Farbe: Die Liturgie feiert mit allen Sinnen. Farben lassen das Herz festlich werden, sprechen Gemüt und Verstand an und unterstützen die Liturgie, sie sind Katechese und Symbolik an sich. Zeiten und Feste, Farben und Bedeutung siehe S. 10.

Mittebrauch: auch „Hauptbrauch", etwa der Adventkranz im Advent.

Mysterium (der Menschwerdung Gottes): Mysterium bedeutet Geheimnis, den Glauben betreffend Glaubensgeheimnis. Geheimnis deshalb, weil es unseren Verstand oft übersteigt. Wir glauben es, weil die Kirche uns vorgibt, es zu glauben.

Novene: Das Wort ist abgeleitet von der lateinischen Zahlenbezeichnung novem (= neun). Dieses Neun-Tage-Gebet ist biblisch begründet (Apg 1, 1-14). Die Urform ist die Pfingstnovene von Christi Himmelfahrt bis Pfingsten.

O-Antiphonen: Besondere Liturgie im Advent, wo den Anrufungen zur Verstärkung ein O vorausgeht: O Weisheit, Adonai (= Herr), O Wurzel Jesse, O Schlüssel Davids, O Aufgang (Glanz der Ewigkeit), O König der Völker, O Immanuel (Gott mit uns). Siehe auch GL 112 u. 772. Diese Anrufungen sind Titel, die im Alten Bund dem Messias gegeben werden.

Oktav: Bedeutet die Zahl acht. Acht ist sieben plus eins. Sieben ist die Zahl für irdische Vollendung, acht geht darüber hinaus und ist die Zahl der Ewigkeit. Manche Hochfeste und Feste werden acht Tage lang gefeiert.

Opfer bringen: Etwas tun, das mir schwerfällt, aus Liebe zu Gott.

Oration oder Schlussoration: Gebet und Schlussgebet der Liturgie oder eines allgemeinen Gebetes.

Paramente: Bekleidung des Priesters bei der Feier der Liturgie, einschließlich der Altarwäsche sind sie nicht nur kostbar und schön, sondern sind in den jeweiligen liturgischen Farben gehalten. Sie sind geweiht und für den sakralen Bereich ausgespart.

Patrozinium: Das Wort kommt von Patron. Es ist der Festtag des jeweiligen Heiligen, auf dessen Namen eine Kirche geweiht ist. Ein bekannterer Name für Patrozinium ist Kirchweihtag.

Pallium: Jenes schmale Schultertuch, das der Papst und die Erzbischöfe in Einheit mit ihm tragen. Es wird aus der Wolle von Schafen verarbeitet und am Grab des Hl. Petrus aufbewahrt als sogenannte Berührungsreliquie, bevor sie den Erzbischöfen überreicht wird.

Quatember oder Liturgische Jahreszeiten: Auch das Kirchenjahr hat quasi Jahreszeiten, Quatember genannt (quattro heißt vier). Quatember sind alte Bitt- und Danktage, nicht „abgeschafft", sondern „bloß" vergessen. Mehr dazu im GL Nr. 102.

Rauhnächte: Herkunft und Art der Rauh- oder Rauchnächte ist umstritten, unklar auch, welche Nächte gemeint sind. Gewöhnlich werden die zwölf Nächte zwischen dem Thomastag und Dreikönig als Rauh- oder Rauchnächte angesehen. Es bleibt offen, ob die Aussegnung von Haus und Hof von Anfang an dabei war oder erst durch die christliche Deutung zum christlichen Brauch geworden ist. Haussegnungen werden heute am 24. und 31. Dezember und am Vorabend des Dreikönigtages durchgeführt.

Regina Coeli: Bedeutet Himmelskönigin. In der Osterzeit wird der Engel des Herrn> mit diesem Gebet ersetzt, GL 8, Grundgebete.

Rorate: Das bedeutet „Tauet gemäß dem alten Adventruf: Tauet Himmel den Gerechten". Gemäß diesem alten Adventruf wird die oft sehr frühe Eucharistiefeier Rorate genannt.

Stammbaum Jesu: Jesus, wahrer Gott und wahrer Mensch hat auch einen menschlichen Stammbaum, wie in Mt 1, 1-17 aufgezählt. In diesem Stammbaum fehlen keine Höhen und Tiefen, des ein menschliche Herzens.

Scavi Petri: Ausgrabungen unterhalb der Petersbasilika in Rom, wo man in der tiefsten Ausgrabungsebene auf das echte Petrusgrab gestoßen ist.

Sonntagspflicht: Eines der fünf Kirchengebote, das an Sonn- und Feiertagen zum Besuch der Eucharistiefeier verpflichtet. Es ist eine Konsequenz der Liebe zu Gott, denn die Eucharistiefeier ist Höhepunkt allen christlichen Lebens.

Sonntags-Schott: Das Große Messbuch für Sonn- und Feiertage mit den entsprechenden Lesungen der Lesejahre A-B-C. Das Wort Schott ist ein Eigenname, P. Anselm Schott hat es 1884 zum erstenmal herausgebracht. Es gibt auch den Wochentagsschott.

Te Deum: Ein feierliches Gebet, ursprünglich in Latein mit den Anfangsworten: Dich Gott … Es wird zu großen und wichtigen Anlässen von der Weltkirche gebetet, z. B. betet es der Papst zur Jahresschlussandacht. Das Gebet gibt es auch in Deutsch im GL 706 oder im Anhang des Kompendium KKK.

Taborfreude: Freude der Verklärung Jesu auf dem Berg Tabor.

Tugend: Feste Grundhaltung, unbedingte Eigenschaften zum freien und starken Menschsein. Es gibt menschliche Tugenden, Kardinaltugenden und Göttliche Tugenden.

Vesper: Abendgebet der Kirche aus dem Stundengebet. Für den Klerus verpflichtend, seit dem II. Vatikanischen Konzil den Laien, besonders den Familien, sehr empfohlen.

Wechselrahmen: Ständer auf dem Hausaltar für Bilder der Feste des Kirchenjahres.

ZWEI EXKURSE ZU ANGESPROCHENEN THEMEN

1. ENTWICKLUNG DES KIRCHENJAHRES

Das Liturgische Jahr oder Kirchenjahr beginnt weder mit dem Bürgerlichen Jahr, 1. Januar, noch mit dem Jahr der Natur, 21. Dezember. Warum beginnt das Kirchenjahr mit Advent und nicht etwa mit Weihnachten, die als Wintersonnenwende im Jahr der Natur und der Zeitenwende durch Christi Geburt geeignet wäre?

Tatsächlich ist die Geburt Christi die Zeitenwende. Die Kirche zählt ihrem Zeitenwechsel das Warten dazu. Heilsgeschichtlich ist der Advent die Zeit des Alten Bundes, ein langes und sehnsuchtsvolles Warten auf den Messias. Der Advent ist die Vorbereitungzeit auf Weihnachten. Das Jahr der Natur – Wintersonnenwende und Kirchenjahr – Menschwerdung Gottes passen organisch gut zusammen und gehen auch gemeinsam. Das Kirchenjahr beginnt in dunkler Zeit und es wird immer noch dunkler. So kann das Licht seine Faszination entfalten. Mit einer Kerze beginnt der Advent und mit jeder Woche wird es um eine Kerze heller. Wintersonnenwende ist die große Zeitenwende, der helle Lichterbaum und alle Girlanden passen nun exakt. Der Christbaum steht für Jesus, das wahre Licht, das in unsere dunkle Zeit gekommen ist. Die Lichtsymbolik bleibt und setzt sich fort, der Lichterbaum bleibt bis Dreikönig, auch Kleiner Weihnachtsfestkreis, genannt. Die Krippe mit ihrem Licht bleibt bis zum Abschluss des Großen Weihnachtsfestkreises, 2. Februar. Dann gibt es nochmals ein eindrucksvolles Lichtfest: Darstellung des Herrn, Maria Lichtmess, genannt: Alle Kerzen für das liturgische Jahr, für Kirche und Hauskirche, werden geweiht. Diese großartige Lichtsymbolik könnte in keiner anderen Zeit so wirksam sein.

Das Kirchenjahr geht dem bürgerlichen Jahr voraus. Der Kalender des bürgerlichen Jahres mit seinen zwölf Monaten geht im Wesentlichen auf den altrömischen zurück. Dieser orientierte sich an der Landwirtschaft und begann ursprünglich im März. Die zwei Monate Jänner und Februar zählte man nicht, da es auf den Feldern nichts zu tun gab. Das Jahr endete mit Dezember, lateinisch decem, dem zehnten Monat. Erst im Jahr 153 vor Christus kamen Januar und Februar als gezählte Monate dazu. Der Name einiger Monate ist einfach eine Nummer: September ist der siebte; Oktober ist der achte; November ist der neunte und Dezember der zehnte. Ein Monat dauerte 29 Tage, das entspricht einem Mondumlauf. Das machte komplizierte Schaltjahrberechnungen notwendig – die Tage wurden dem Februar (als letztem Monat) angehängt. Damit konnte man den Kalender mit dem Sonnenjahr in Einklang bringen.

Um 46 vor Christus reformierte Julius Cäsar den Kalender gründlich. Er holte sich Rat bei ägyptischen Astrologen, die Ägypter berechneten das Jahr nach der Sonne. Ein Jahr entsprach einem Umlauf der Erde um die Sonne, das heißt 365 Tage. Alle vier Jahre wiederholte sich ein Schaltjahr mit 366 Tagen. Cäsar setzte den Beginn des Jahres auf den 1. Januar fest, es war der Termin, an dem die jährlich gewählten Konsuls ihr Amt antraten. Damit war und ist die Monatszählung „der 7." = September, „der 8." = Oktober, „der 9." = November und „der 10." = Dezember hinfällig. Die Namen wurden, wie wir heute noch sehen, beibehalten. Auch die junge Kirche übernahm diesen nach Julius Cäsar, deshalb „julianisch" genannten Kalender. Sie zählte jedoch die Jahre ab Geburt Christi und nicht mehr ab Gründung der Stadt Rom.

Eine letzte Veränderung ergab sich aus der Kalenderreform von Papst Gregor XIII. Er ordnete 1582 die Schaltjahrregelung des julianischen Kalenders neu, sodass die Jahresrechnung nun exakter mit dem astronomischen Sonnenumlauf übereinstimmt. Daraus folgt eine Differenz zum julianischen Kalender von dreizehn Tagen. Die Reform wurde seinerzeit aus protestantischer Sicht nur schwer akzeptiert, weil sie von einem Papst eingeführt wurde. Die lutherischen und reformierten Gebiete widersetzten sich zunächst der Einführung des Gregorianischen Kalenders. Bis 1950 waren im Appenzeller Land Kalender verbreitet, die parallel julianische und gregorianische Zeitrechnung führten. Das Brauchtum hat bis heute diese Erinnerung bewahrt. In Urnäsch, Appenzell, wird bis heute das Neue Jahr an zwei Terminen angesungen: am 31. Dezember und am 13. Januar, dem sogenannten „Altsilvester" des Julianischen Kalenders.

Festlegung des Kirchenjahr-Anfangs
Zunächst bot sich der 6. Januar an, das Fest Epiphanie- Erscheinung des Herrn, galt als das Offenbarwerden Gottes in der Welt. An diesem Tag gab der Bischof auch die Termine der beweglichen Feste des Kirchenjahres bekannt. Der 6. Januar wurde „Hochneujahr" genannt, weshalb die Sternsinger bis heute ein gutes Neues Jahr wünschen.

Naheliegender war jedoch, den Kirchenjahrbeginn auf Ostern zu verlegen, dem Höhepunkt des Kirchenjahres. Diese Regelung hätte jedoch einen großen Nachteil: Ostern ist ein bewegliches Fest, wird nicht an einem festen Datum gefeiert, sondern am Sonntag nach dem Frühlingsvollmond und kann auf insgesamt 35 verschiedene Tage fallen. Von einem Osterfest zum anderen gerechnet waren also die Jahre unterschiedlich lang.

Deswegen wählte man vor allem in Deutschland das Weihnachtsfest als Jahresbeginn. Erzbischof Heinrich von Köln legte im Jahr 1310 in seinen Provinzialstatuten ausdrücklich den 25. Dezember als Jahresbeginn fest. Das war insofern konsequent, als auch die Jahre nach Christi Geburt gezählt werden. Die Zisterzienser dagegen, die für ihre Marienverehrung bekannt sind, begannen in ihrem Einflussbereich das Jahr am 25. März, dem Fest Maria Verkündigung. Eine relativ junge Regelung ist dagegen der Beginn des Kirchenjahres am 1. Adventsonntag. THOMAS STEIMER, DT 30. 12. 2006

7-Tage Rhythmus der christlichen Woche

Das Vorbild war die jüdische Sieben-Tage-Woche. Außerdem gab es auch astrologische Vorstellungen: Man glaubte, jeder Tag werde von jenem Planeten regiert, der über die erste Stunde des jeweiligen Tages herrschte. Die einzelnen Wochentage wurden deshalb nach den damals bekannten sieben Planeten benannt, die zugleich Götternamen waren: Sonne = Sonntag, Mond = Montag, (Sonne und Mond galten damals als Planeten), Mars = Dienstag, Merkur = Mittwoch, Jupiter = Donnerstag, Venus = Freitag, Saturn = Samstag. In Sonn- und Montag sind Sonne und Mond erkennbar, Dienstag = Thingus. Mittwoch verweist auf den Brauch, die Tage der Woche durchzuzählen, demnach ist er die Mitte. Im germanischen Raum „sprangen" die germanischen Gottheiten ein: Donnerstag = Donar und Freitag = Freia. Unser Samstag hängt sprachlich mit Sabbat zusammen und der Sonntag mit der Sonne. Er gewann bald eine besondere Bedeutung. Er allein bekam einen neuen Namen und wurde zum Tag des Herrn, Herrentag oder Domenica (ital.). DAS KIRCHENJAHR, K.H. BIERITZ, SEITE 37FF

2. DIE WEIHE AN MARIA – WAS IST DAS?

Predigt von Erzbischof Dr. Georg Eder zur Krönung der Fatimamadonna und Weihe der Erzdiözese an die Gottesmutter am 15. August 1998 in Salzburg.

Liebe Katholiken, liebe Verehrer unserer lieben Frau von Fatima!

Wir haben das Evangelium von der Verkündigung des Herrn schon oft gehört. Die Jungfrau Maria, die Braut von Nazareth, hat ihr Ja gesprochen, leise, aber klar: „Siehe, ich bin die Magd des Herrn." Dieses Wort machte sie zur Mutter unseres Herrn, und um dieses Wortes Willen ist aus der Magd, aus der Dienerin, eine Königin geworden. Johannes führt uns dieses grandiose Bild vor Augen: „Am Himmel erschien ein großes Zeichen: eine Frau, mit der Sonne umkleidet, den Mond zu ihren Füßen und einen Kranz von zwölf Sternen auf ihrem Haupt" (Off 12, 1). Heute steht Maria, das Mädchen aus Nazareth, vor uns, wie damals vor den drei Kindern aus Fatima. Und wir wollen uns ihr von Neuem weihen.

„Wir gehören ihr schon immer"

Wir gehören ihr schon immer an – das gilt für die Erzdiözese von Anfang an. Auf vielen Bildern trägt der hl. Rupertus eine Statue der Gottesmutter. Es scheint das Gnadenbild U.L. Frau von Altötting zu sein. Der Tradition nach setzte Rupertus Maria von Altötting ein. Wie dem auch sei, der erste Bischof unserer Heimat war ein Marienverehrer. Er erbaute auch die erste Marienkirche im Land Salzburg, am Nonnberg. Von Anfang an ist unsere Erzdiözese ein Marienland. Das bezeugen auch die vielen größeren und kleineren Wallfahrtskirchen, die über das ganze Land verstreut der hl. Gottesmutter geweiht sind.

Im zwanzigsten Jahrhundert erfuhr die Marienverehrung neue Stärkung durch die sogenannten „Marienweihen". Erzbischof Sigismund Waitz hat das Kriegsjahr 1941 zum „Marianischen Jahr der Salzburger Erzdiözese" ausgerufen. Ein Jahr darauf wurde die Weihe an Maria erneuert. Und am Höhepunkt des furchtbaren Weltkrieges 1944 (eine Woche vor dem schweren Bombenangriff auf Salzburg, bei dem auch die Domkuppel zerstört wurde), hat Fürsterzbischof Andreas Rohracher diese Weihe an die Gottesmutter wiederholt. Schließlich hat sich die Erzdiözese Salzburg am 8. Dezember des Marianischen Jahres 1954 dem Unbefleckten Herzen Mariens geweiht. Wir gehören ihr schon immer.

Bei der Diözesanwallfahrt nach Fatima 1997 (zum 80. Jahrestag der Erscheinungen) ergab sich die Gelegenheit, eine der letzten, von Künstlerhand aus Zedernholz geschnitzten Statue zu erwerben. Es war ein spontaner Gedanke: Wir brauchen Maria, die Madonna von Fatima, für unsere Erzdiözese! Sie soll bei uns bleiben, sie soll überall hinkommen, wo sie die Hilfe der Gottesmutter brauchen, in alle Pfarren, Klöster und Gemeinschaften, auch in bestimmte Häuser und Familien ... Und es besteht kein Zweifel: Sie geht gerne zu allen Kindern, um zu helfen, zu trösten, zu versöhnen.

Sinn und Bedeutung der Marienweihe

Ich weiß, dass manche Christen (auch katholische!) Schwierigkeiten haben mit einer Weihe an Maria, und das ist nicht verwunderlich. Das Wort „Weihe" ist so vieldeutig und kann auch ganz falsch verstanden werden. Es gibt die Weihe der Priester, eine Weihe der Kirche und des Altares ... Etwas ist bei einer Weihe, wie die Kirche sie versteht, immer dabei: ein Schenken, eine Hingabe, eine Übergabe an Gott. Was er uns geschenkt hat – und alles, was wir haben, ist sein – geben wir in aller Freiheit Gott zurück.

Nun aber: Warum sollen wir uns Maria schenken und nicht Gott, Jesus Christus, unserem Herrn und Erlöser? Bei den folgenden Gedanken gehen wir bewusst beim hl. Ludwig M. Grignon v. Montfort in die Schule. Da ist sein berühmt gewordenes „Goldenes Buch" und schon der Titel ist eine Offenbarung: „Das goldene Buch der vollkommenen Hingabe an Jesus durch Maria". Es geht also gar nicht um eine selbstständige Hingabe an Maria, sondern um die

Hingabe an Jesus durch Maria. Das bedeutet keinen Umweg, im Gegenteil: Der kürzeste Weg zu Jesus ist Maria! Wir gehen zu Maria und schon sind wir bei IHM. Das ist ja auch der Weg, auf dem Jesus zu uns gekommen ist bei der Menschwerdung: durch Maria, seine Mutter. Wir haben Jesus nur durch Maria, aus ihrem Schoß, aus ihrem Herzen, aus ihren Händen. So wollte es die ewige Weisheit.

„Die vollkommenste und fruchtbarste Art der Marienverehrung besteht darin, sich ganz und gar Maria und durch Maria Jesus zu weihen." Niemand, der sich in rechter Weise Maria weiht, bleibt bei ihr stehen – sie führt ihn sofort zu ihrem Sohn, dem einzigen Erlöser der Welt. Dass Maria diese Weihe will, hat sie in Fatima ausdrücklich gesagt: „Der Herr will die Verehrung meines unbefleckten Herzens in der Welt begründen, um die Sünder zu retten. ... um das (= Bestrafung der Welt) zu verhindern, will ich bitten, Russland meinem Unbefleckten Herzen zu weihen ...". Wer hätte vor 10 Jahren gedacht, dass der Kommunismus ohne Krieg in sich selbst zusammenbricht ... durch eine andere Macht, die niemand ahnte? Nur der Heilige Vater, der sich selbst von Anfang an der Gottesmutter geweiht hat – Totus Tuus – er dürfte es im Voraus gewusst haben.

Die Weihe leben
Die Weihe an Jesus durch Maria ist höchst einfach, und gerade die Einfachheit ist Zeichen der Echtheit. Nach L. M. v. Montfort besteht die „Weihe" einfach in der vollkommenen Erneuerung der Taufgelübde: „Ich treuloser Sünder erneuere und bekräftige heute in deine Hände mein Taufgelübde. Ich widersage für immer dem Teufel, seiner Pracht und seinen Werken. Ich übergebe mich ganz Jesus Christus ... und will alle Tage meines Lebens in seiner Nachfolge mein Kreuz tragen und ihm treuer sein, als ich es bisher war" (Gold. Buch Nr. 225). Die Weihe leben heißt, die Taufgelübde ernst nehmen. „Herr, ich glaube, Herr, ich hoffe, Herr, von Herzen lieb ich dich ... Im Glauben, in der Hoffnung, in der Liebe stärke mich!". O Maria, ich schenke mich heute dir, bringe mich zu Jesus.

Liebe Schwestern und Brüder
Wir sind gekommen, um uns durch Maria Christus zu weihen und zu schenken. Und wenn wir fortgehen, dann mit dem festen Willen, unser Taufversprechen ernst zu nehmen und zu leben. O Maria, Mutter Jesu und Mutter der Kirche, dir gehören wir schon immer und heute sagen wir ganz bewusst: Dir gehören wir für immer. Amen.

LITERATUR

HEILIGE SCHRIFT, EINHEITSÜBERSETZUNG

KATECHISMUS DER KATHOLISCHEN KIRCHE, 1993, OLDENBURG V.

KOMPENDIUM ZUM KKK, DEUTSCHE AUSGABE, PATTLOCH V. 2005

DAS GOTTESLOB, KATHOLISCHES GEBET- UND GESANGBUCH DER ED SALZBURG, 1974

LOBET DEN HERRN, GEBET- UND GESANGBUCH DER DIÖZESE SECKAU, 1948

DER GROSSE SONNTAGS-SCHOTT FÜR DIE LESEJAHRE A,B,C, HERDER V., 1975

DER GROSSE WOCHENTAGS-SCHOTT, TEIL 1 UND 2, HERDER V., 1976

JESUS VON NAZARETH, JOSEPH RATZINGER, BENEDIKT XVI. HERDER V. 2007

APOSTOLISCHE SCHREIBEN

FAMILIARIS CONSORTIO, JOHANNES PAUL II., ÜBER DIE AUFGABEN DER CHRIST-LICHEN FAMILIE, 1981

MULIERIS DIGNITATEM, ÜBER DIE WÜRDE DER FRAU, JOHANNES PAUL II. 1988.

ROSARIUM VIRGINIS MARIAE, ROSENKRANZ U. LIEBEN FRAU, JOHANNES PAUL II. 2002.

DIREKTORIUM ÜBER DIE VOLKSFRÖMMIGKEIT UND DIE LITURGIE, GRUNDSÄTZE UND ORIENTIERUNGEN, NR. 160, 17. DEZEMBER 2001

WEITERE LITERATUR

BILDER DER HOFFNUNG, WANDERUNGEN IM KIRCHENJAHR, JOSEPH KARD. RATZINGER, HERDER V.

CHRISTLICHES BRAUCHTUM, FESTE & BRÄUCHE IM JAHRESKREIS, HERMANN KIRCHHOFF, KÖSEL V. 1995

DAS KIRCHENJAHR, KARL H. BIERITZ, 7. ERNEUERTE AUFLAGE 2005, BECKSCHE REIHE

DAS MAHL DES LAMMES, DIE MESSE, SCOTT HAHN, ST. URICH V., 2003

DER HERR, ROMANO GUARDINI, HERDER V.

DER HERR DER ZEIT, JAHR UND TAG IM GLAUBEN, L. GSCHWIND, ST. ULRICH V., 1999

DER SONNTAG, GESTERN, HEUTE UND IMMER, ROMANO GUARDINI, TOPOS TB, 1994

DER SCHABBAT, ABRAHAM J. HESCHEL, JÜDISCHE VERLAGSANSTALT BERLIN, 2001

DIE EUCHARISTIEFEIER I. ZEUGNIS D. HEILIGEN, JO HERMANNS, BUTZON&BERCKER, 1988

DIE FAMILIE ALS HÄUSLICHES HEILIGTUM, RUDOLF GRABER, SCHNELL&STEINER, VERGRIFFEN

DIE FAMILIE – EINE HAUSKIRCHE, ELISABETH BRAUNBECK, SCHÖNSTATT VERLAG, 1985

DIE KIRCHE ERWACHT IN DEN HÄUSERN, MARIA PRÜGL, REF. EHE U. FAMILIE, SALZBURG, 2007

DIE JUDEN UND IHR GLAUBE, PETER LANDESMANN, NYMPHENBURGER, 2003

EINE MUTTER UND ELF KINDER, HERMANN KRONSTEINER, KULTUR IN DER FAMILIE.

FEIERN, FESTE, JAHRESZEITEN, LEBENDIGE BRÄUCHE, MANFRED BECKER-HUBERTI, HERDER V., 1998

FAMILIENGEDÄCHTNIS, WICHTIGE EREIGNISSE, MARIA PRÜGL, REF. EHE U. FAMILIE, 2005

GLAUBEN FEIERN, CHRISTLICHE BRÄUCHE IM GANZEN JAHR, L. GSCHWIND, ST. ULRICH V., 2001

GRIECHISCHE MYTHEN IN CHRISTLICHER DEUTUNG, HUGO RAHNER, HERDER V., 1984

GOTT BEGEGNEN IN DER ZEIT, UNSER KIRCHENJAHR, F. RECKINGER, BONIFATIUS V., 1986

GOTT, DER BARMHERZIGE, DER WEG ZUR BEICHTE, SCOTT HAHN, ST. ULRICH V., 2005

KLEINES LEXIKON DES CHRISTLICHEN BRAUCHTUMS, ALFRED LÄPPLE, PATTLOCH, 1996

LEXIKON DER BRÄUCHE UND FESTE, MANFRED BECKER-HUBERTI, HERDER V., 2000

LEXIKON CHRISTLICHER KUNST, THEMEN, GESTALTEN, SYMBOLE, HERDERBÜCHEREI, 1987

MARIENLOB IN DER GEMEINDE, P. CH. RIPPLINGER, BUTZON&BERCKER.

ST. PETER IN ROM, ROBERT FISCHER, BAYRISCHES PILGERBÜRO.

VOLKSBRAUCH IM KIRCHENJAHR, HANS KOREN, PINGUIN, 1986 (VERGRIFFEN)

WÖRTERBUCH BIBLISCHER SYMBOLE, MANFRED LURKER, KÖSEL V. 1973

BILDNACHWEISE UND QUELLEN

Die Hauptmotive sind durchgehend Paramenten entnommen. Religiöses Wissen, biblisches Verständnis und Kunsthandwerk zeichnen diese Paramentenstickereien aus. Die Verfasser danken der großzügigen Bereitstellung der Paramente zur Illustrierung des vorliegenden Buches, Verweis mit Seitenangabe (leider nicht mit den Themen auf Grund der Fülle):

PARAMENTE EFFATA, DILLINGER FRANZISKANERINNEN, DILLINGEN:
www.regens-wagner.de
Brigitte Kaut-Müller: Titelbild, Seiten 5, 6, 7, 53, 62, 75, 102, 106, 119, 135, 163
PARAMENTE EFFATA (OBIGE ADRESSE)
in der Pfarre Aigen, Salzburg, Maria Prügl dankt Pf. Walter Oberascher für die Erlaubnis zum Fotografieren: Seiten 9, 17, 18, 35, 44, 45, 47, 71, 79, 85, 87, 111, 121, 133, 143, 157

KÜNSTLERISCHE PARAMENTIK DES ATELIERS KARBIG:
www.atelier-karbig.de
Seiten 10, 12, 36, 43, 50, 72, 77, 80, 88, 89, 92, 92, 98, 105, 106, 106, 112, 126, 145

PARAMENTE BENEDIKTINERINNEN STEINERKIRCHEN, SR. MARTA:
www.benediktinerinnen.at
Seiten 11, 12, 25, 64, 67, 74, 86, 97, 100, 114, 117, 125, 129, 130, 149

PARAMENTE AUS DER ERZDIÖZESE SALZBURG:
josef.kral@konservator.kirchen.net
Seiten 24, 82, 127, 136, 137, 144, 147

ANDERE QUELLEN
KNA: Seiten 66, 84, 103
Bethlehem Schwestern, Kinderalm, Veronika Traintinger: Seiten 41, 46, 51, 55, 141
Admonter Riesenbibel: Seiten 57, 119

NATUR- UND FAMILIENFOTO
Günther Oberngruber: Seiten 42, 48, 84, 95, 96, 107, 116, 139
Richard Büchsenmeister: Seiten 13, 38, 42
Maria Prügl: Seiten 4, 8, 26, 29, 33, 37, 47, 49, 54, 57, 58, 60, 69, 70, 75, 81, 83, 90, 91, 103, 108, 115, 120, 137
Familie Feingold, Salzburg: Seiten 14, 15
www.fotolia.com: Seiten 8, 19, 25, 37, 61, 68, 112, 113, 118, 120, 122, 128, 129, 130
Landjugend Anthring: Seite 131

Die Heiligen im Kirchenjahr

**BESONDERS BERÜCKSICHTIGT SIND
DIE HEILIGEN UND SELIGEN
DER ERZDIÖZESEN UND DIÖZESEN ÖSTERREICHS**

Mehr zu allen Heiligen, auch Videos,
Bilder, Heilig- und Seligsprechungsprozesse
www.heiligenlexikon.de

1 HOCHFEST DER GOTTESMUTTER MARIA, WILHELM V. D., WILLIAM, FULGENTIUS, MANUEL(A)

2 BASILIUS D. GR., GREGOR V. NAZIANZ, DIETMAR V. PRAG, MAKARIUS, ADALHARD, ODILO

3 ADELE V. PF., ODILO V. C., GENOVEVA

4 4. ANGELA V. F., ROGER, RÜDIGER, MARIUS, MARA, CHRISTINE V. LUCCA, LIAWIZA

5 EMILIA, ROGER V. T., JOHANNES V. NEPOMUK, NEUMANN, EDUARD, GERLACH

6 KASPAR, MELCHIOR, BALTHASAR, MAKARIUS, PIA V. QU., WILTRUD, RAPHAELA, GERTRUD V. T.

7 VALENTIN, RAIMUND V. PENAFORT, SIGRID, WIDUKIND, REINHOLD, ROMANA

8 SEVERIN V. NORIKUM, SEVERIA, ERHARD, GODULA, GUDRUN, ERHARD V. REGENSBURG

9 EBERHARD, ADRIAN, JULIAN V. BASILIA, ALIX

10 GREGOR X., PAULUS V. THEBEN, WILHELM V. BOURGES, FRANZISKA, SALESIA

11 PAULUS V. AQUILIEA, JOHANNES, COCHLACUS

12 TATIANA, HILDA, ERNST V. ROM, ERNESTINE

13 GOTTFRIED V. CAPPENBERG, JUTTA, HILDEMAR, HILARIUS, IVETTA, REMIGIUS

14 RAINER V. ANSBERG, FELIX V. NOLA, ENGELMAR, BERNO, HELGA

15 ARNOLD JANSSEN, ROMEDIUS, MAURUS V. PLACIDUSA, KONRAD V. MONDSEE, PAUL V. THEBEN

16 MARZELLUS I., TILLO, TILLMANN, TURZO, THEOBALD

17 ANTON D. EINSIEDLER, ANTONIA, BEATRIX V. CAPPENBERG

18 PRISKA, ODILO V. BAYERN, REGINA PROTMANN, WOLFRIED

19 MARIUS V. ROM, ALSIDIS, PIA V. KARTHAGO

20 FABIAN, SEBASTIAN, URSULA HAIDER

21 AGNES, INES, MEINRAD, PATROKLUS

22 VINZENZ PALOTTI, ZENZ, WALTER, THEODELINDE, ANASTASIUS, GAUDENZ

23 HEINRICH SEUSE, HARTMUT, ILDEFONS, EUGEN BOLZ, MARIA SPONSATA, WALTER V. BRÜGGE, SEL. NIKOLAUS GROSS

24 FRANZ V. SALES, EBERHARD V. NELLENBURG, VERA, ARNO V. SALZBURG

25 BEKEHRUNG D. AP. PAULUS, WOLFRAM V. WADGASSEN, TITUS M HORTEN

26 TIMOTHEUS, TITUS, TIZIAN, PAULA V. ROM, ALBERICH VON CITEAUX

27 ANGELA MERICI, ANGELIKA, JULIAN, GERHARD V. KREMSMÜNSTER, THEODERICH

28 THOMAS V. AQUIN, KARL D. GROSSE, KAROLINE BARBARA CARRE`, BRITTA, MANFRED,

29 VALERIUS, KARL V. KÖLN, RADEGUND, GUNDA, JOSEF FREINADEMETZ,

30 MARTINA, ADELGUND, GUNDA, DIETHILD, BALTHILD, SERENA, HYACINTHA

31 JOHANNES BOSCO, EUSEBIUS, HEMMA V. REGENSBURG, MARZELLA

1 BRIGITTE V. KALDARE, GITTA, SEVERUS, SIGIBERT

2 ALFRED DELP, DIETRICH V. MINDEN, CORNELIUS V. CÄSAREA, LOTHAR

3 BLASIUS, ANSGAR V. HAMBURG, OSKAR, BERLINDE, NEIDHARD

4 VERONIKA, FRAUKE, GILBERT, RHABANUS MAURUS, CHRISTIAN V. HIMMEROD

5 AGATHA, ADELHEID V. VILICH, ELKE, HEIDI, ALBUIN, MARIA V. KÄRNTEN

6 PAUL MICKI U. GEFÄHRTEN, DOROTHEA, DORIS, AMAND V. MAASTRICHT, REINHILD, HILDEGUND

7 RICHARD, NIWARD, MARIA V. D. VORSEHUNG, SEL. PIUS IX.

8 HIERONYMUS, ÄMILIANA, JOSEPHINE BAKHITA

9 APOLLONIA, LONA, JULIAN, LAMBERT, ANNA KATHARINA EMMERICK, ANSBERT

10 SCHOLASTIKA, WILHELM V. MALAVALLE, BRUNO V. MINDEN

11 GEDENKTAG UNSERER LIEBEN FRAU V. LOURD, ANSELM, THEODOR, SEL. KARD. A. STEPINAC

12 GREGOR II., BENEDIKT V. ANIANE, HELMWARD, HELMFRIED, LUDAN, HUMBELINA

13 REINHILD, GISELA, SILKE, ADOLF V. THEKLENBURG, EKKEHARD, HEIKO, GILBERT

14 VALENTIN V. THERMI, CYRILLUS, METHOD

15 SIGFRID V. VÄXJÖ, GEORGIA V. CERMONT, CLAUDE DE LA COLOMBIERE

16 JULIANE V. NIKOMEDIEN, LIANE, PAMPHILUS, PHILIPPA, PAMELA, MARERI

17 GRÜNDER DES SERVITENORDENS, BENIGNUS, MARZELIN, EVERMOD, FRANZ R. CLET, LUKAS V. P.

18 SIMON, FRAU ANGELICO, ANGELIKA, KONSTANTIA, KOLOMAN

19 IRMGARD V. A., BONIFATIUS V. LAUSANNE

20 CORONA, AMATA V. ASISSI, JORDAN MAI, ELEUTHERIUS, SEL. JACINTA UND FRANCISCO MARTO

21 PETRUS DAMIANUS, IRENE, GERMANUS, PIPPIN D. Ä., GUNTHILD,

22 KATHEDRA PETRI, ISABELLA V. FRANKREICH, MARGARETHA V. CORTONA, GRETE, JOHANNA MARIA

23 POLYKARP, ROMANA, OTTO V. CAPPENBERG, LAZARUS V. K.

24 APOSTEL MATHIAS, IDA V. H., IRMENGARD V. DABEN, EUNIKE, ETHELBERT V. KEMP

25 WALBURGA, ADELTRAUD, CÄSARIUS V. NAZIANZ

26 MECHTHILD, ULRICH V. O., DIONYSIUS, ADALBERT V. TEGERNSEE, ULRICH

27 MARKWARD V. PRÜM, GABRIEL V. D. SCHMERZHAFTEN GOTTESMUTTER

28 ROMAN, ROMEO, LUPIZINIS, SILVANA, OSWALD V. YORK, ELISABETH V. P., DANIEL BROTTIER

29 AUGUST (SCHALTJAHR)

1 ALBIN, ROGER, RÜDIGER, DAVID V. MENEVIA, FELIX

2 KARL D. GUTE, AGNES V. BÖHMEN, INES, ENGELMAR, UNZEITIG

3 KUNIGUNDE, FRIEDRICH, FRITZ, FERRY, FRIEDERIKE, LIBERAT WEISS, KATHARINA M. DREXEL

4 WALBURGA, KASIMIR, RUPERT V. DEUTZ, HUMBERT, PLACIDA VIEL

5 OLIVIA, DIETMAR V. MINDEN, THEOPHILUS V. CÄSAREA, DOMITIAN V. KÄRNTEN

6 FRIDOLIN, MECHTHILD, COLETA, KUNIGUND V. DIESSEN, ROSA V. VITERBO

7 PERPETUA, FELIZITAS, VOLKER, REINHARD, SEL. ANNA SCHÄFFER, JOHANNES V. GORZE

8 JOHANNES V. GOTT, EDDO, MICHAEL WITTMANN, VEREMUND, GERHARD V. CLAIRVAUX

9 BRUNO V. QUERFURT, BRUNHILDE, FRANZISKA V. ROM, DOMINIKUS SAVIO, BARBARA PFISTER

10 VIERZIG MÄRTYRER V. SEBASTE, ÄMILIAN, EMILIE, GUSTAV V. SCHWEDEN

11 ROSINE, HEINRICH HAHN

12 ALMUD, BEATRIX V. ENGELPORT, TRIXI

13 PAULINA V. THÜRINGEN, LEANDER, GERALD V. MAYO, SANCHA, JUDITH V. RINGELHEIM

14 MATHILDE, EVA V. LÜTTICH, GOTTFRIED KÖNZGEN, EINHARD, KONRAD MÜLLER

15 KLEMENS M. HOFBAUER, KLEMENTINE, LUISE DE MARILAC, PIUS KELLER, ZACHARIAS, DIETRICH

16 HILARIUS V. AQUILEA, HERIBERT V. BOIS, HERIBERTA, HERTA

17 GERTRUD V. NIVELLES, GERDA, PATRIK, PATRIZIA, PATTY, KONRAD V. BAYERN

18 CYRILL V. JERUSALEM, EDUARD V. ENGLAND, EDI, 1

19 JOSEF – BRÄUTIGAM DER GOTTESMUTTER, JOSEFA, MARCEL CALLO

20 WOLFRAM V. SENS, IRMGARD, HERIBERT V. CUMBERLAND, CLAUDIA V. AMISUM, GISBERT

21 CHRISTIAN, ABSALOM, AXEL, EMILIE SCHNEIDER

22 LEA, LEILA, ELKA, ELMAR, LUKARDIS, SEL. CLEMENS A. V. GALEN

23 TORIBIO V. MONGROVEJO, REBECCA AR RAY´ES

24 KATHARINA V. SCHWEDEN, ELIAS, ELIA, SIMON V. TRIENT, GUISEPPE M. TOMASI

25 MARIA VERKÜNDIGUNG, ANUNZIATA, EMANUEL, MANUEL, JUTTA, JUDITH, ISAAK

26 LUIDGER, LARISSA, LARA, FELIX V. TRIER

27 HEIMO, FROWIN, ERNST V. HOHENSTEIN

28 GUNTRAM, INGBERT, GUNDELINDE

29 HELMSTAN, LUDOLF, HELFRIED, HELMUT, BERTHOLD V. KALABRIEN

30 DIEMUT, QUIRIN, SEL. SR. RESTITUTA

31 CORNELIA, BENJAMIN, CONNY, NELLY, LAMBERT, BALBINA, PETRONILLA

1	HUGO V. GRENOBLE, IRENE, IRIA, AGAPE V. SALONIKI

| 2 | FRANZ V. PAOLA, THEODOSIA V. CÄSAREA, MARIA V. ÄGYPTEN, SANDRINA, FRANZ COLL |

| 3 | LUIDBIRG, RICHARD V.CICHESTER, ELISABETH KOCH |

| 4 | ISIDOR V. SEVILLA, KONRAD V. WEISSENAU, HEINRICH RICHTER, GUIDO V. POMPOSA |

| 5 | VINZENZ FERRER, KRESZENTIA HÖSS, ZENZI, SENTA, JULIANE, EVA V. LÜTTICH |

| 6 | PETRUS D. MÄRTYRER, WILHELM V. ÄBELHOLT, CÖLESTIN I. |

| 7 | JOHANNES BAPTIST DE LA SALLE, BURCHARD |

| 8 | WALTER V. PONTOISE, MANEGOLD, BEATA |

| 9 | WALTRAUD, KASILDA, KONRAD I. V. SALZBURG |

| 10 | ENGELBERT V. ADMONT, V. LÜTTICH, GERNOT, EZECHIEL, GEROLD |

| 11 | STANISLAUS V. KRAKAU, HILDEBRAND, REINER V. OSNABRÜCK, GEMMA GALGANI |

| 12 | ZENO, HERTA V. ROM, JULIUS I., THERESIA V. KINDE JESU, JOSEPH MOSKATI |

| 13 | HERMENEGILD, IDA V. BOLOGNA, MARTIN I., PAULUS DIAKONUS, IDA V. LÖWEN |

| 14 | TIBURTIUS, LIDWINA, ERNESTINE V. BAYERN, LAMBERT V. LYON |

| 15 | DAMIAN DEVEUSTER, HUNNA, NIDKER, CÄSAR V. BUS |

| 16 | BENEDIKT JOSEF LABRE, BERNADETTE SOUBROUS RUDOLFV. BERN, ROLF, |

| 17 | RUDOLFINE, EBERHARD V.WOLFEGG, WANDO, ZITA, GERWIN |

| 18 | AYA, ALEXANDER, MARIA V. D. MENSCHWERDUNG |

| 19 | GEROLD V. GROSS-WALSERTAL, LEO IX., HOLGER, WERNER V. OBERWESEL, MARCELL CALLO |

| 20 | WILHELM V. WINDBERG, HILDEGUND V. SCHÖNAU |

| 21 | KONRAD V. PARZHAM, ANSELM V. CANTERBURY, KURT, ANSELM, ANSELMA |

| 22 | KAJUS |

| 23 | GEORG, JÜRGEN, JÖRG, JENS, GEORGIA, ADALBERT, GERHARD V. TAUL |

| 24 | FIDELIS V. SIGMARINGEN, MARIAN, EGBERT V. IRLAND, WILFRIED, THEODOR, ANGELO E. MENNI |

| 25 | EVANGELIST MARKUS, ERWIN, HERMANN V. BADEN, FRANKA |

| 26 | MARIA V. GUTEN RAT, CONSUELO, KLETUS, RATBERT, TRUDPERT, HELENE, ANAKLET I. |

| 27 | PETRUS CANISIUS, ZITA, ANASTASIUS I. |

| 28 | PETER CHANEL, ADALDAG, HUGO V. CLUNY, THEODORA, LUDWIG MARIA GRIGNION V. MONTFORT |

| 29 | KATHARINA V. SIENA, ROSWITHA, IRMTRUD, DIETRICH, ROBERT V. MOLESME |

| 30 | PIUS V., PIA, HEIMO, ROSAMUNDE, SR. FAUSTINA |

1 JOSEF D. ARBEITER, ARNOLD V. HILTENSWEILER, BERTA V. AVENAY, SIGISMUND, JEREMIAS

2 ATHANASIUS, BORIS, KONRAD V. SELDENBÜREN, MAFALDA, LUITHARD

3 AP. PHILIPPUS U. JAKOBUS D. J., JACK, JAQUELINE, ALEXANDER I., VIOLA, SASCHA, AXEL

4 FLORIAN U. D. MÄRTYRER V. LORCH, VALERIA, GUIDO, LADISLAUS, BRIKTIUS V. HEILIGENBLUT

5 GOTTHARD(A), SIGRID, SIGRUN, JUTTA, FRANZ TENDLER, ANGELUS

6 ANTONIA, GUNDULA, BRITTO V. TRIER, MARKWARD

7 NOTKER D. STAMMLER, GISELA V. UNGARN,, SILKE, HEILIKA, HELGA, BORIS

8 ULRICH NISCH, EVODIA, FRIEDRICH V. HIRSAU, DESIDERATUS, DESIDIA, EVODIA, KLARA FEY,

9 BEATUS, OTTOKAR III., VOLKMAR, SEL.THERESIA V. JESU GERHARDINGER, SEL. JOSEF CEBULA

10 GORDIANUS, EPIMACHUS, HIOB, JOHANNES V. AVILA

11 GANDOLF, MAMERTUS, JOACHIM TABERNITZ V. KLEIN-MARIAZELL, ODILO U. HUGO V. CLUNY

12 PANKRATIUS, (1. EISHEILIGER), NEREUS U. ACHILLEUS, DOMITILLA, JOHANNA V. PORTUGAL

13 SERVATIUS (2. EISHEILIGER),

14 BONIFATIUS (3. EISHEILIGER), CHRISTIAN V. GALATIEN, KARSTEN, ISOLDE, PASQUALIS I., CORONA

15 (DIE KALTE) SOPHIE, RUPERT V. BINGEN, ISIDOR V. MADRID, FRIEDRICH KELLER

16 JOHANNES V. NEPOMUK, UBALD, ADELPHUS, SIMON STOCK

17 PASCHALIS, WALTER V. MONDSEE, BAYLON, DIETMAR V. NEUMÜNSTER

18 ERICH IX., BURKHARD, FELIX, JOHANNES I., SEL. SR. BLANDINE MERTEN, CORINNA, DIETMAR

19 ALKUIN, KUNO, KONRAD, IVONNE, YVETTE, CÖLESTIN, PUDENS

20 BERNHARD V. SIENA, BJÖRN, BERND, VALERIA, ELFRIEDE

21 HERMANN JOSEF, ERENFRIED, WILTRUD, SEL. FRANZ JÄGERSTÄTTER, KONSTANTIN D. GR., KONSTANZE, WILTRUD, KARL DE MAZENOD

22 JULIA, RENATE, RENEE`, RITA V. CASCIA, ÄMILIUS, EMIL

23 DESIDERIUS, DESIRE`, BARTOLOMÄUS D. BAUER

24 DAGMAR, ESTHER, MAGDALENA S. BARAT, FRANZ PFANNER, VINZENZ V. LERINS

25 BEDA, URBAN I., HERIBERTA, HERBERT, HERTA, GREGOR VII., GILBERT

26 PHILIPP NERI, REGINTRUD, ALWIN(E), ANNA V. JESUS

27 AUGUSTIN V. CANTERBURY, BRUNO V. WÜRZBURG, BRUNHILDE

28 GERMAN V. PARIS, WILHELM V. AQUITANIEN, WILHELMINE, WILMA

29 MAXIMIN, IRMTRUD V. MILLENDANK, THEODOSIA V. KONSTANTINOPEL

30 JOHANNA V. ORLEANS, JEANNE, JEANE, JESSICA, REINHILD, FERDINAND III.

31 PETRONILLA, HELMTRUD, MECHTILD V. DIESSEN

1 JUSTIN, JUSTINE, SIMEON, AGNES
ELLENBERGER, LUITGARD

2 MARCELLINUS U. PETRUS, ARMIN,
EUGEN, ERASMUS V. ANTIOCHIEN,
BLANDINA

3 KARL LWANGA U. GEFÄHRTEN,
HILDBURG, SEL. JOHANNES XXIII.

4 KLOTHILDE, CHRISTA, QUIRIN,
WERNER V. ELLERBACH, EVA V. LÜTTICH

5 BONIFATIUS, WINFRIED V. FULDA,
FULGER – VOLKER,
FERDINAND D. STANDHAFTE

6 NORBERT V. X., KEVIN, CLAUDIUS(A),
BERTRAM, KEVIN, BOGOMIL, GILBERT

7 ROBERT V. NEWMINSTER,
GOTTLIEB(A), DEOCHAR,

8 MEDARD, HELGA,
GISELBERT V. CAPPENBERG, ENGELBERT,
SEL. MARIA V. DROSTE FISCHERING

9 EPHRAIM D. SYRER, GRATIA,
PRIMIS U. FELIZIAN, KOLOMBAN V. H.

10 HEINRICH V. BOZEN, GERLACH,
DIANA, ANALDO, OLIVIA

11 APOSTEL BARNABAS, RIMBERT,
ALEYDIS-ADELHEID-ALICE, JOLANDA,
ELKE V. SCH.

12 LEO II., ODULF, ESKIL,
KASPAR BERTONI

13 ANTONIUS V. PADUA, RAMBERT

14 GOTTSCHALK, MEINRAD EUGSTER,
BURCHARD V. MEISSEN,
RICHARD V. ST.V., HARTWIG, HERWIG

15 VITUS, VEIT, ISFRIED, GERMANA,
GEBHARD V. SALZBURG,
BERNHARD V. AOSTA, KLARA, LOTHAR

16 BENNO V. MEISSEN, QUIRIN,
LUITGARD, PATER PIO,
SEL. MARIA T. SCHERER

17 EUPHEMIA, RAINER V. PISA,

18 FELICIUS, SIMPLICIUS

19 ELISABETH V. SCHÖNAU, ROMUALD,
MODEST, GERVASIUS, PROTASIUS,
ANDREAS BAUER

20 ADALBERT V. MAGDEBURG, DEODAT,
BENIGNA, MARGARETHE EBNER,
SANCHA V. PORTUGAL.

21 ALOISIUS GONZAGA, ALOISIA, RALF,
EBERHARD V. SALZBURG

22 PAULIN V. NOLA, JOHN FISHER,
THOMAS MORUS, ACHAZ, ALBIN,
EBERHARD

23 EDELTRAUD, JOSEF CAFASSA,
PETER FRIEDHOFEN

24 (GEBURT V.) JOHANNES D. T.,
HANS JÜRGEN, EREMBERT,
IVAN V. BÖHMEN

25 DOROTHEA, DORIS, ELEONORE,
LORE, HANELORE, NORA, WILHELM V. V

26 JOHANN U. PAUL ("WETTERHERREN"),
RUDOLF V. BOURGES, ROLF,
JOSEFMARIA ESCRIVA DE BALAGUER

27 HEMMA V. G., EMMA, CYRILL,
ALEXANDER, HARALD, GERHOH, HEIMO,
SIEBENSCHLÄFERTAG

28 IRENÄUS V. LION, EKKEHARD,
HEIKO, DIETHILD

29 APOSTEL PETRUS U. PAULUS,
PETRA(O), PAULO(A), BEATE, JUDITH,
SALOME

30 DIE ERSTEN MÄRTYRER V. ROM,
OTTO V. BAMBERG, BERTRAM,
ERNST V. PRAG, ERNA

1	THEODERICH, DIETRICH
2	WILTRUD
3	APOSTEL THOMAS, TOM JOSEF LENZEL, RAIMUND, LULLUS, ROMANA
4	ULRICH V. AUGSBURG, UDO, UWE, ULRIKE, ELISABETH V. P., BERTA, BERNOLD
5	ANTONIUS MARIA ZACCARIA, LÄTITIA, PHILOMENA
6	MARIA GORETTI, MARIA T. LEDOCHOWSKA, MARIETTA, ISAIAS
7	WILLIBALD V. EICHSTÄTT, WILLI, EDELBURG
8	KILIAN V. W, EDGAR, AMALIE, EUGEN, ADOLF IV., AQUILA U. PRISZILLA, MARIA LICHTENEGGER
9	WIGFRIED, AGILOLF, JOHANNES V. KÖLN, VERONICA GIULIANI, ANDREAS BAUER, AUGUSTINUS ZHAO RONG
10	KNUD, OLAF U.ERICH, ALEXANDER V. ROM, ENGELBERT KOLLAND, SASCHA, SANDRA, AMALIA
11	BENEDIKT V. NURSIA, BENEDIKTA, OLGA, HELGA, PLAZIDUS, RACHEL, OLIVER
12	NABIR U. FELIX, SIGISBERG U. PLAZIDUS V.DISENTIS, HERMAGOR U. FORTUNAT, ARNSBOLD
13	HEINRICH II. U. KUNIGUNDE, HEINZ, HEINER, HARRY, HENRIETTE
14	KAMILLUS V. LELLIS, CAMILLA, ULRICH V. ZELL, ANGELINA, GOSWIN, ROLAND
15	BONAVENTURA, EGINO, EGON, WLADIMIR, WALDEMAR, BERNHARD V. BADEN
16	MARIA V. BERG KARMEL, CARMEN, IRMENGARD, IRMA, ELVIRA, REINILDIS
17	MARINA, ALEXIUS-AXEL, DONATA, GABRIELE CROISSY, CHARLOTTE THONET, LOLITTA, ARNOLD
18	FRIEDRICH V. ÜTTRECHT, FRIEDERIKE, ANSWER, ODILIA, ARNULF, DIETMAR V. OSNABRUCK
19	BERNULF, JUSTA, HERMANN V. MARIAZELL
20	MARGARETHA V. ANTIOCHIEN, MARGA, MARGOT, ANNEGRET, ELIAS,
21	LAURENTIUS V. BRINDISI, LORENZ, LAURA, STILLA, PRAXEDIS, DANIEL, DANIELA
22	MARIA MAGDALENA, MARLENE, VERENA, ELVIRA, EBERHARD, WALTER V. LODI
23	BIRGITTA V. SCHWEDEN, BRITTA, BIRGIT, APOLLINARIUS, LIBORIUS, JOHANNES CASSIANUS
24	CHRISTOPHORUS, URSICIN, CHRISTINE, KERSTIN, KIRSTIN, SIGLINDE, LINDA
25	APOSTEL JAKOBUS D. Ä., THEA, JAMS, JAKOB, JAQUELINE, THOMAS V. K.
26	JOACHIM U. ANNA, ANITA, NADJA, NADINE, ANNELIESE, GLORIOSA, ANNEMARIE
27	BERTOLD V. GARSTEN, RUDOLF, ROLF, PANTALEON, NATALIE
28	INNOZENZ I., BEATUS U. BANTUS, BENNO, SAMSON, VIKTOR I., ALPHONSA ANNA M.
29	MARTHA, MARIA U. LAZARUS V. BETHANIEN, JASMIN, FLORA U. LUZILLA, OLAF II., LADISLAUS I.
30	PETRUS CHRYSOLOGUS, SIMPLIZIUS, BEATRIX U. FAUSTINUS, INGEBORG, LEOPOLD MANDIK
31	IGNATIUS V. LOYOLA, GERMANUS, HERMANN, HELENA

1 ALFONS M.V. LIGOURI, PETRUS FABER, KENNED, PETRUS JULIANUS, EYMARD

2 EUSEBIUS, GUNDEKAR II.,

3 LYDIA V. PHILIPPI, BENNO V. METZ, BURCHARD V. ROTH

4 JOHANNES M. VIANNEY, SIGRID

5 OSWALD, UWE, DOMINIKA, STANISLAUS HOSIUS

6 FELIZISSIMUS U. AGAPITUS, GILBERT V. MARIA LAACH, HERMANN

7 XISTUS II. U. GEFÄHRTEN, KAJETAN, JULIANEV, LÜTTICH – LIANE, AFRA, ULRICH V. PASSAU

8 DOMINIKUS(A), CYRIAKUS, HILGER

9 ALTMANN V. PASSAU, EDITH STEIN

10 LAURENTIUS, LORENZ, LENZ, LAURA, ASTERIA, ASTRID

11 KLARA V. ASSISI, PHILOMENA, SUSANNA, NIKOLAUS V. KUES, DONALD

12 SEL. KARL LEISNER, RADEGUND, GUNDA, HILARIA V. AUGSBURG, INNOZENZ XI., LEO DEHON

13 PONTIANUS, HIPPOLYT, KASSIAN, GEROLD, WIGBERT, GERTRUD, LUDOLF, JAKOB GAPP, JOHANNES BECHMANS

14 MAXIMILIAN KOLBE, MEINRAD, WERENFRIED, EBERHARD

15 ASSUNTA, MECHTHILD V. M., TARSITIUS

16 STEPHAN I. V. U., THEODOR, ROCHUS, CHRISTIAN, KARSTEN, KERSTEN, BEATRIX

17 HYAZINTH, KARLMANN, JERON, GUDA, JUTTA

18 HELENA, ILONA, ELLEN, LENA, AGAPITUS V. PRÄNESTE, CLAUDIA, REINALD

19 JOHANNES EUDES, SEBALDUS, SIGBERT, REGINLIND, CHARITAS

20 BERNHARD V. CLAIRVAUX, SAMUEL, BERNARDA, RONALD, RONNY

21 PIUS X., PIA, BALDUIN, GRATIA, FRANZ REINISCH

22 REGINA, INA, CILNA, SIEGFRIED, SIEGRUN

23 ROSA V. LIMA, ROSALINDA, ROSEMARIE, ROMY, RICHHILD

24 APOSTEL BARTHOLOMÄUS, BARTHEL, NATHANAEL, MICHAELA, ISOLDE, EMILIE D. VILIAR

25 LUDWIG IX., MARILUISE, JOSEF V. CALASANZA, PATRIZIA, ELVIRA, SEL. MYRIAM V. ABELENE

26 GREGOR V. ÜTTRECHT

27 MONIKA, GEBHARD V. KONSTANZ, GEBHARDA, CÄSARIUS

28 AUGUSTINUS V. HYPPO, AUGUSTE, ELMAR, ADELINE, HERMES V. ROM

29 ENTHAUPTUNG JOHANNES D. T., SABINA V. ROM, THEODORA, BEATRIX V. AG.

30 HERIBERT V. KÖLN, HERTA, AMADEUS, FELIX, INGEBORG, REBECCA, SEL. ALFREDO I. SCHUSTER

31 PAULINUS V. TRIER, RAIMUND NONNATUS, ROMANA, MARCELLO CANDIA

1
ÄGIDIUS, GILLES, RUTH,
VERENA V. ZURZACH, VRENI,
ALOIS SCHOLZE, HARALD

2
NONNOSUS, APOLLINARIS,
FRANZ URBAN, INGRIED ELOVSDOTTER

3
GREGOR D. GR., SOPHIE V. MINDEN,
GREGORIA, SONJA, HILDEBRAND

4
IDA V. HERZFELD, IRIS, IRMGARD,
ROSALIA, ROSA V. VITERBO, ROMY,
AARON

5
MARIA T. V. WÜLLENSWEBER,
SEL. MUTTER TERESA,
ROSWITHA V. GANDERSHEIM

6
MAGNUS, ALEXIUS V. T., THEOBALD

7
OTTO V. FREISING, REGINA V. BURGUND,
JUDITH V. BETHULIS, STEFAN P.,
DIETRICH

8
ALAN, HADRIAN, ADRIENNE, SERGIUS,
FRANZ V. RETZ, FRANZISKUS JORDAN,
KORBINIUS

9
OTHMAR, GORGONIUS,
PETRUS CLAVER, MARIA EUTHYMIA

10
THEODORA, PULCHERIA,
NIKOLAUS V. TOLENTINO

11
FELIX U. REGULA, MATERNUS, LUIS,
LUDWIG IV., JOSEF MÜLLER

12
MARIA NAMEN, MARION,
MIRJAM, MARYLIN, MARY,
MARIANNE, GUIDO

13
JOHANNES CHRYSOSTOMUS,
NOTBURGA, BURGI, TOBIAS, AMATUS

14
KORNELIUS O´ROURCE, CONAN

15
DOLORES, MELITTA, LUDMILLA, LOLITA,
JOSEF KENTENICH, ROLAND V. MEDICI,
EKKEHARD

16
KORNELIUS, CONNY, KONEL, CYPRIAN,
ADALBARO, EDITH, JULIA

17
ROBERT BELLARMIN,
HILDEGARD V. B, BRUNHILDE, ARIADNE,
SEL. ANTON MARIA SCHWARTZ,

18
LAMBERT V. MAASTRICHT, RICHARDIS,
LAMPERTA, BALTHASAR

19
JANUARIUS, THEODOR V. CANTERBURY,
THOSTEN, TEDDI, ALBERT V. LÖWEN,
IGOR

20
EUSTACHIUS U. GEFÄHRTEN, ANDREAS
KIM TAEGON, PAUL CH. HASANG U.
GEFÄHRTEN (KOREA), CANDIDA, MARIA
TAUSCHER

21
APOSTEL U. EVANGELIST MATTHÄUS,
DEBORA, JONAS

22
MAURITIUS, MORITZ, MAURICE, MURILLO,
EMMERAN V. REGENSBURG, GUNTHILD

23
PATER PIO, THEKLA, LINUS, ROTRUD,
GERHILD, HELENA

24
RUPERT U. VIRGIL V. SALZBURG,
MERCEDES, GERHARD,
HERMANN D. LAHME

25
NIKOLAUS V. D. FLÜE, KLAUS, NILS,
NICOLE, FIRMIN, GOTTFRIED THELEN,
KLEOPHAS, CLEOFA

26
KOSMAS U. DAMIAN, JUSTINA, EUGENIA
V. OD., SEL. KASPAR STANGASSINGER,
MEINRAD

27
VINZENZ V. PAUL, VINZENZIA, HILTRUD,
DIETRICH I., DIRK

28
LIOBA, WENZEL V. BÖHMEN, DIETMAR,
KONRAD V. SALZBURG, GISLAR, THEKLA V.
KITZINGEN,

29
MICHAEL, MICHEL, MIKE, MICHAELA,
GABRIEL, GABOR, RAPHAEL

30
HIERONIMUS, JEROME,
VIKTOR U. URS V. S., SOPHIE, SONJA,
FIDES, SPES

1 THERESIA V. KINDE JESU, THERESITA, MANUEL, WERNER V. WILTEN, GERMANA, GISELBERT

2 ANGELIKA, URSICIN, PETRUS-HERMANN U. JAKOB V. NEUZELLE

3 EWALD, ODO, IRMGARD, GERHARD V. BROGNE

4 FRANZ V. ASSISI, FRANK, AUREA, SEL. FRANZ XAVER SEELOS

5 FLAVIA, PLACIDUS V. SUBIACO, ATTILA, ANNA SCHÄFFER, RAIMUND V. CAPUA, MARIA FAUSTINA KOWALSKA, NIELS STENSON

6 BRUNO, BRUNHILDE, ADALBERO V. LAMBACH, RENATUS, RENE´, JAKOB (AT), MEINRAD

7 ROSA, GEROLD V. KÖLN, JUSTINA, GEORG V. PFRONTEN, ERNST V. NERESHEIM, GEORG ERHART

8 GÜNTER V. REGENSBURG, SIMEON V. JERUSALEM, AMOR, DEMETRIOS, BENEDIKTA, VIKTRIZIUS

9 DIONYSIOS V. PARIS, DENISE, GUNTHER, ABRAHAM, SARA, SIBILLE, JOHANNES LEONARDI

10 GEREON, KASSIUS U. FLORENTINUS, VIKTOR, VICO, JAKOB SPIEGEL, SEL. DANIELA COMBONI

11 BRUNO V. KÖLN, ETHELBURG, QUIRIN, SEL. JAKOB GRIESINGER, SEL. JOHANNES XXIII.

12 MAXIMILIAN V. PONGAU, MAX, EDWIN, GOTTFRIED, HERLINDE, OTTO MÜLLER, EDWIN

13 AURELIA, KOLOMAN, EDUARD, BELINDE, THEOPHILUS V. ANTIOCHIEN, GERALD, SEL. BELISIND

14 BURKHARD, KALIXTUS I., ALAN V. AUXERRE, ALAIN, FORTUNA HILDEGUND

15 THERESIA V. AVILA, THERESITA

16 GALLUS, HEDWIG V. ANDECHS, HETTA, MARGARETHA M. ALACOQUE, MARGIT, GERHARD MAJELLA

17 IGNATIUS V. ANTOCHIEN, IGNAZ, ANSELM V. WIEN, RUDOLF V. GUBBIO

18 EVANGELIST LUKAS, GWENN, MONO, HONESTA

19 PAUL V. KREUZ, FRIEDA, JEAD. BREBEUF, ISAAK, JOGUES U. GEFÄHRTEN, LAURA

20 WENDELIN, WANDA, VITALIS, HELMUT, IRENE V. PORTUGAL, JAKOB F. KERN

21 URSULA V. KÖLN, URSEL, VERENA U. GEFÄHRTEN, HILARION(A), IRMTRAUD, SEL. KAISER KARL

22 CORDULA, CORA, CORINNA, INGO, BLANDINA, SALOME V. GALILÄA, SELMA

23 JOHANNES V. CAPESTRANO, ODA V.METZ, UTE, ROMAN V. ROUEN, SEVERIN V. KÖLN

24 ANTONIUS M. CLARET

25 DARIA U. CRYSANT, KRISPIN, LUDWIG V. ARNSTEIN

26 AMAN, GERWICH U. WIGAND

27 WOLFHARD

28 APOSTEL SIMON U. JUDAS THADDÄUS, SIMONE, ALFRED D. GR.

29 NARZISSUS, MARGARETHE V. HOHENFELS, SR. RESTITUTA

30 DIETGER, BERNHARD SCHWENDTNER, HERMELINDE

31 WOLFGANG V. REGENSBURG, WOLF DIETER, JUTTA, NOTBURG V. KÖLN, QUINTIN

November

1
RUPERT MAYER, ARTHUR O´NELLY, HARALD, LUITPOLD, GUNDA, WOLFHOLD V. ADMONT

2
ANGELA V. STOLLNBERG

3
HUBERT, IDA, IDDA, SILVIA, MARIAN, MARTIN V. PORRES, PIRMIN, VIKTORIA

4
KARL BORROMÄUS, KAROLINE, KAROLA, CHARLOTTE, LOTTE, REINHARD

5
ELISABETH U. ZACHARIAS, EMMERICH, BERTHILD, BERTILA, BERNHARD LICHTENBERG

6
LEONHARD V. LIMOGES, CHRISTIN V. KÖLN, RUDOLF, ROLF, MODESTA

7
ENGELBERT, WILLIBROD V. ÜTTRECHT, KARINA, ERNST, ERNESTINE, SEL. ELISABETH V. DIJON

8
GOTTFRIED V. AMIENS, GÖTZ, JOHANNES DUNS SCOTUS, CLAUDIUS, SEL. ELISABETH V. D. DREIF.

9
ROLAND, THEODOR, HERFRIED

10
LEO D. GR., JUSTUS, HERMANN LANGE, EDUARD MÜLLER

11
MARTIN V. TOURS, MORTEN, MARTINA, TINA, MENNAS

12
ÄMILION, EMIL, JOSAPHAT, DIEGO V. ALCALA, DIDACUS, KUNIBERT

13
STANISLAUS KOSTKA, BRICTIUS, WILHELM V. RINCHNAS, KARL LAMPERT U. GEFÄHRTEN

14
ALBERICH V. UTRECHT, SIDONIUS

15
LEOPOLD III. V. ÖSTERREICH, MARINUS U. ANIARUS, DESIRE`, RAPHAEL JOSEPH KALINOWSKI

16
ALBERT D. GR., ALBERTA, OTHMAR V. ST. GALLEN, MARGARETHE V. S., EDMUND

17
GERTRUD V. HELFTA, GERDA, VIKTORIA, HILDA V. WHITBY, HILTRUD, SALOME, SELMA, FLORIN

18
ODO V. CLUNY, ODDO, GERUNG, ANGIBERT

19
ELISABETH V. THÜRINGEN, LISA, BETTINA, ILSE, ISABELLA, MECHTHILD

20
KORBINIAN V. FREISING, BERNWARD, EDMUND V. OSTAGLIEN, EDI

21
UNSERE LIEBE FRAU IN JERUSALEM, JOHANNES V. MEISSEN

22
CÄCILIA, CILLI, SILKE, SALVATOR LILLI

23
CLEMENS V. ROM, KLEMENTINE, KOLUMBAN, DETLEV, FELIZITAS V. ROM

24
FLORA V. CORDOBA-JASMIN, MODESTUS, ALBERT V. LÜTTICH, CHRYSOGONUS

25
KATHARINA V. ALEXANDRIEN, KATHRIN, KARIN, EGBERT, ELISABETH V. R.

26
GEBHARD U. KONRAD V. KONSTANZ, KURT, UDO

27
MARIA V.D. WUNDERTÄTIGEN MEDAILLE, ODO V. BRABANT, JOSAPHAT V. INDIEN

28
BERTA V. BINGEN, GÜNTHER V. KREMSMÜNSTER

29
FRIEDRICH V. REGENSBURG, FRITZ, JOLANDA, FRANZ J. RUDIGER, FRANCESCO ANTONIO FASANI

30
APOSTEL ANDREAS, ANDREW, ANDRE, ANDREA

Dezember

1 NATALIE, BIANCA, CHARLES DE FOUCAULD, ELIGIUS, EDMUND, MARIA CLEMENTE ANUARITE

2 BIBIANE, WISINTO V. KREMSMÜNSTER, LUZIUS, JOHANNES V. RUYESBROECK

3 FRANZ XAVER, GERLIND V. ELSASS, EMMA, JOHANNES N. V. TSCHIDERER, CLAUDIS V. ROM

4 BARBARA, BETTY, CHRISTIAN V. PREUSSEN, KARSTEN, ADOLF KOLPING

5 ANNO V. KÖLN, HERWIG, HARTWICH V. SALZBURG, REINHARD V. LÜTTICH

6 NIKOLAUS V. MYRNA, KLAUS, NIKLAS, NIELS, NIKITA, NICOLE, DIONYSIA, DENISE, HENRIKE

7 AMBROSIUS V. MAILAND, GERALD

8 IMMACULATA, ELFRIEDE, EDITH U. SABINE V. COESTRE

9 LEOKADIA, PETRUS FOURIER, EUCHARIUS, THEODERICH V. KREMSMÜNSTER, LIBORIUS WAGNER, VALERIA, ABEL, HANNA, JEAN DIEGO

10 ANGELINA, BRUNO, BRUNHILDE

11 TASSILO III., V. BAYERN, DAVID V. HIMMEROD, DAMASUS, ARTHUR BELL, WILBIRG V. ST. FLORIAN

12 JOHANNA FRANZISKA V. CHANTAL, HARTMANN, HORST, DIETRICH V. KREMSMÜNSTER, DIETER, DIRK

13 LUZIA, ODILIA V. ELSASS, JODOK, JOBST, JOST

14 JOHANNES V. KREUZ, BERTHOLD V. REGENSBURG, FRANZISKA SCHERVIER

15 CHRISTINA V. GEORGIEN, WUNIBALD, CARLO STEEB, LUKAS ETLIN

16 ADELHEID, ELKE, HEIDRUN, DIETRICH V. ROMMERSDORF, DIETER, DIRK

17 JOLANDA V. VIANDEN

18 PHILIPP V. RATZENBURG

19 URBAN V., KONRAD V. LICHTENAU, BENJAMIN, SUSANNA

20 EUGEN, HEINRICH EGHER, REGINA HUETER, GINA, HOLGER V. BREMEN

21 HAGAR, RICHARD V. ADWERTH, RICARDA, PETER FRIEDHOFEN

22 JUTTA V. DISIBODENBERG, MARIA DER SCHOTTE, BERTHEID

23 DAGOBERT, VIKTORIA, VICKY, YVETTE, IVELIN, THORLAK, THORSTEN

24 ADAM U. EVA, EVELINE, EVITA, GLORIA, ADALBERT, BERT, HERMINE, IRMINA, HERMA

25 NATALIS, EUGENIO V. ROM, EMMANUEL, MANUEL(A), ANASTASIA, PETRUS VENERABILIS, ALBERT CHMIELOWSKY, MARI T. V. WÜLLENWEBER

26 STEFAN, STEFEN

27 EVANGELIST JOHANNES, HANNES, HANSJÖRG, JONNY, FABIOLA

28

29 DAVID, ISAI, JESSE, TAMARA, THOMAS BECKET, THOMA, LOTHAR

30 GERMAR, FELIX, RICHARD V. ARNBERG, RICARDO, SABINUS

31 SILVESTER, MELANIE, MELA, APOLLNIA, PAULINE V. ROM, KATHARINA LABOURE

Referat für Ehe und Familie
ERZDIÖZESE SALZBURG

5020 Salzburg, Dreifaltigkeitsgasse 12
Fax: 0662/8754494
E-Mail: ehe@familie.kirchen.net
www.kirchen.net/familie

Aus der selben Reihe
- ■ Berufen zur Ehe
- ■ Wiederentdeckung der Verlobung
- ■ Familiengedächtnis – Familienchronik
- ■ Getrennt, geschieden, wiederverheiratet in der Kirche
- ■ Junge Menschen auf dem Weg zu Christus
- ■ Die Kirche erwacht in den Häusern
- ■ Wenn der Partner nicht mitmacht
- ■ Geheimnis der ehelichen Liebe (Erscheinungstermin 2008)